L'AMANT

DE

MA FEMME,

Roman de Mœurs,

PAR

MAXIMILIEN PERRIN,

Auteur de *L'Amour et la Faim*, de la *Fille de l'Invalide*, de la *Demoiselle de la Confrérie*, des *Mauvaises Têtes*, de la *Servante Maîtresse*, etc.

II

CHARLES LACHAPELLE,

RUE SAINT-JACQUES, 75.

1838.

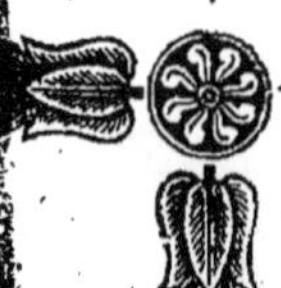

L'AMANT

DE MA FEMME.

Ouvrages de G. Touchard-Lafosse.

LES REVERBÈRES, chroniques de nuit du vieux et du nouveau Paris, 6 vol. in-8. 30 fr.

LES BOSQUETS DE ROMAINVILLE, 2 vol. in-8. 10

MARTHE LA LIVONIENNE, 2 vol. in-8. 10

RODOLPHE OU A MOI LA FORTUNE, 2 vol. in-8. 10

LA PUDEUR ET L'OPÉRA, *deuxième édition*, 4 vol. in-12. 10

LES AMOURS D'UN POÈTE, 2 vol. in-8. 10

CHRONIQUES des châteaux des Tuileries et du Luxembourg, physiologie des cours modernes, 4 vol. in-8. 20

(L'ouvrage est entièrement terminé.)

Ouvrages de Lamothe-Langon.

LA FEMME DU BANQUIER, 4 vol. in-12. 12 fr.

MONSIEUR ET MADAME, 2 vol. in-8. 10

Mlle DE ROHAN, 2e *édition*, 4 vol. in-12. 12

L'AUDITEUR AU CONSEIL D'ÉTAT, 2e *édition*, 4 vol. in-12. 12

CAGLIOSTRO OU L'INTRIGANTE ET LE CARDINAL, 2 vol. in-8. 10

LE GAMIN DE PARIS, 5 vol. in-12. 15

LA PRINCESSE ET LE SOUS-OFFICIER, 5 vol. in-12. 15

LE DIABLE, 5 vol. in-12. 15

LE CHANCELIER ET LES CENSEURS, 5 vol. 12. 15

LA CLOCHE DU TRÉPASSÉ, 2 vol. in-8. 10

L'ESPION RUSSE, OU LA SOCIÉTÉ PARISIENNE, 2 vol. in-8. 10

LE ROI ET LA GRISETTE, 2 vol. in-8. 10

LES JOLIES FILLES, 2 vol. in-8. 15

E. Dépée, imprimeur à Sceaux.

L'AMANT

DE

MA FEMME,

Roman de Mœurs,

PAR

MAXIMILIEN PERRIN,

Auteur de *L'Amour et la Faim*, de *la Fille de l'Invalide*, de *la Demoiselle de la Confrérie*, des *Mauvaises Têtes*, de *la Servante Maîtresse*, etc.

II

CHARLES LACHAPELLE,

RUE SAINT-JACQUES, 73.

1838.

I

Suite du précédent.

— Lord Betson est chez lui, n'est-ce pas? demande Psyché d'un ton déluré à un grand coquin de suisse qui l'arrête au passage; et sur la réponse affirmative de ce dernier, la danseuse traverse une cour immense, monte un pérystile de quelques marches, et parvient dans une vaste antichambre qu'encombrent une foule de laquais vautrés sur des banquettes.

— Lord Betson?

— Votre nom, mademoiselle?

— C'est inutile; dites-lui que c'est la personne qu'il attend.

Et le valet de s'éloigner puis de revenir un instant après.

— Mylord n'attend personne, mademoiselle, mais il consent à vous recevoir; donnez-vous donc la peine de me suivre.

Psyché, conduite par le valet, traverse une foule d'appartemens tous d'une richesse extrême, et est introduite dans un cabinet tendu en soie verte où elle aperçoit le lord en robe de chambre, la tête couverte d'un petit bonnet de velours violet, et assis près d'une table chargée de livres et de papiers.

— Bonjour, mylord, j'espère que je suis exacte à l'heure?

— Moi, beaucoup fort surpris de la présence de vous dans mon hôtel; dit l'Anglais avec une figure moitié sévère, mais ne s'en levant pas moins pour offrir un siége à la visiteuse.

— Ah! c'te farce! vous avez donc oublié le rendez-vous de ce matin?

— Le rendez-vous de ce matin! répète le lord avec surprise.

— Eh oui! celui que vous me donnâtes hier avant de nous séparer.

— Moi, pas se rappeler du tout.

— Par exemple! voilà qui est fameux; comment! vous ne vous souvenez pas cette nuit, dans votre voiture, en me reconduisant chez moi?...

— Pas du tout, pas du tout; fait l'Anglais en branlant la tête.

— Monsieur Mylord! je commence par croire que vous vous moquez de moi et que vous y mettez de la mauvaise volonté. Allons, soyez donc plus aimable; il y a de ces choses qu'on ne peut oublier, surtout lorsqu'elles se passent en tête-à-tête avec une femme que l'on aime.

— Oh! me rappeler fort bien de la amour de vous pour moi; de la petite badinage que nous avoir fait dans le alcove de vous; mais moi pas se souvenir du tout de la rendez-vous pour ce matin.

— Enfin, n'importe! le principal est que vous vous rappeliez combien je vous aime, et que vous me receviez bien ce matin. Avez-vous déjeûné mylord? quant à moi je meurs de faim.

— Oh! vous avoir faim, et moi désolé de

ne pas pouvoir traiter vous; un affaire important, il réclame tout de suite mon personne.

— Il faut la remettre à demain, que diable ! on ne fait pas venir sa maîtresse chez soi pour la renvoyer aussitôt son arrivée et le ventre creux encore.

— Moi, le redire à vous, ne pas avoir demandé vous dans le domicile à moi; reprend l'Anglais d'un ton animé et mécontent.

—Comment! encore, mylord, mais cela devient de plus en plus impertinent; que n'oubliez-vous aussi l'or que vous m'avez donné et que j'ai laissé dans votre voiture.

— Mon voiture godam! moi revenir sans mon voiture; moi beaucoup fort en colère après miss Psyché qui la avait emporté.

— Moi, j'ai emporté votre voiture! y

pensez-vous? ne m'avez-vous pas reconduit dedans jusqu'à ma porte, après notre longue promenade sur les boulevarts, jusqu'à près de trois heures du matin?

Cela être faux, godam! ne plus trouver le voiture à moi en sortant de la maison à miss Adeline; moi chercher partout et revenir à pied et beaucoup fort mécontent.

— En voilà d'une bonne! s'écrie Psyché; de cette manière ce ne serait pas avec vous que ce serait passé certaine chose?...

— Certaine chose?... moi, pas comprendre vous; que veut dire ce chose?

— Quoi, vous ne comprenez pas?

— Non.

— Cependant vous devriez savoir ce que je veux dire.

— Non, répond une seconde fois l'Anglais, d'un sang-froid imperturbable.

— Parbleu mylord, la répétition de la scène de mon alcôve.

— Ah! yes, yes, moi comprendre.

— Ainsi vous avouez que c'était bien avec vous?

— No, moi pas convenir du tout.

— Alors, qui donc était-ce?

— Oh! peut-être le amoureux de la perfide miss Adeline.

— Albert?...

— Yes, Albert, le rival à moi.

— Le scélérat m'aurait jouée ainsi? Ah! mylord, de grâce dites-moi si tout cela n'est point un badinage de votre part, afin de vous moquer de moi?

— Jamais lord Betson lui badiner, entendez-vous, miss Psyché.

— Oh! le monstre d'Albert! il me le payera cher, le coquin; il m'a volé mes vingt pièces d'or.

— Oh ! ce être un grand misérable !... Tenez, miss Psyché vous accepter ceci comme une petit dédommagement. En disant, le lord remettait à la danseuse une autre bourse qu'il venait d'atteindre sur sa cheminée.

— Que j'ai bien raison de vous reconnaître pour le plus généreux des hommes, dit Psyché en empochant la bourse, et accompagnant ces mots d'un sourire gracieux et agaçant, devant lequel l'Anglais reste froid et immuable. Enfin, c'est égal, vous voyez, mylord, que dans tout cela j'ai été plus victime que coupable, et ce petit inconvénient ne doit nuire en rien à la continuation de nos amours, ajoute Psyché.

— Oh! vous êtes dans un grand erreur, miss, moi trompé pas miss Adeline, et moi haïr désormais tous les femmes du monde, moi ne plus vouloir de amour jamais.

— Quoi ! parlez-vous sérieusement mylord ? et après m'avoir séduite, vous seriez assez perfide, à votre tour, pour oublier les promesses que vous me fîtes , et m'abandonner avec autant d'inhumanité ?

— Miss Psyché, moi avoir dit à vous que les affaires très importantes appelaient moi tout de suite.

— Et ces paroles achevées, l'Anglais, sans plus attendre, agita brusquement sa sonnette. Un valet se présenta.

— Accompagnez ce dame, reprend le lord d'un ton sévère ; puis, saluant Psyché, il s'éloigne et disparaît par une petite porte. Quant à la danseuse, étourdie, humiliée et la rage dans le cœur, elle n'a plus la force de prononcer une parole, et suit en silence le domestique qui la guide jusqu'à la porte de l'hôtel qui se ferme sur elle.

II

Un désastre.

Encore un mois écoulé dans l'attente pour la pauvre Adeline, sans qu'une seule lettre d'Albert soit venue calmer son inquiétude et ses craintes. Combien maintenant ne redoute-t-elle pas l'effectif des tristes prévisions de Lucien. Ce dernier lui aurait-il dit vrai? Albert serait-il un lâche, un trompeur? Enfin, pourquoi son silence obstiné après vingt lettres qu'elle lui a écrites? Plus encore, Adeline dévorée de tourmens périt d'ennuis dans sa campagne ; car l'hiver, saison de ruine et de désolation pour les champs, signal de fêtes et de joies pour les citadins, l'hiver donc est venu la surprendre dans sa retraite, et attrister encore plus son cœur : parce qu'elle est seule; que, tout entière à son dernier amour, elle a rebuté ses amis; que, lassés de trouver sans cesse porte-close chez elle, ils se sont éloignés pour ne plus revenir. Oh! décidément cette situation n'est plus tenable, Adeline attendra encore la fin de la semaine, quatre jours; et d'ici là, si elle n'a point reçu des nouvelles d'Albert, elle partira, se rendra en Suisse, près de lui, afin d'éclaircir le mystère d'une si longue et étrange absence. Comme un chagrin ne va presque jamais seul, qu'un autre arrive presque toujours lui tenir compagnie, Adeline a encore à regretter une foule de démarches infructueuses entreprises selon ses conventions avec Albert, et dans l'intention d'assurer ses nouveaux débuts: mais, hélas! la pauvre fille n'a reçu partout que refus et humiliation; à peine la Comédie-Française a-t-elle daigné écouter sa demande, et d'un mot lui a ravi toute espérane. Adeline, repoussée de ce théâtre, a pensé qu'une scène d'où descendaient glorieux un Ligier et une Allan Dorval, n'était pas trop à dédaigner, et alors son riche équipage était venu s'arrêter à la porte du théâtre Saint-Martin: là encore un échec, une troupe complète et l'offre du directeur adressée à la solliciteuse d'être admise sur sa scène, en qualité d'actrice surnuméraire, c'est-à-dire sans appointemens aucun. Rebutée par son peu de succès, Adeline était revenue chez elle dégoûtée du théâtre et en proie à de tristes réflexions. Ainsi étaient les choses, lorsqu'un matin on vient annoncer à la jeune femme qu'une personne demandait à lui parler.

— Qu'elle entre.

Et un homme sec et grand s'approcha de la dame avec force saluts.

— Que désirez-vous, monsieur?

— Pardon de vous déranger, madame; mais je viens, en passant dans le pays, toucher le montant de ma petite facture.

En disant notre homme déroulait une large feuille de papier.

— Une facture, monsieur? et de quoi? dit Adeline avec surprise.

— Oh! presque rien, seulement la facture de deux chevaux gris pommelés et du coupé à vous vendus par moi, Jérôme Papelard, marchand de chevaux et carrossier, le tout montant ensemble à la somme de onze mille sept cent soixante francs, prix fait et convenu avec monsieur Albert de Mouvra, votre frère.

— Vous faites erreur, monsieur, car j'ai payé et ne dois pas cette somme.

— Je suis désolé de vous contredire, madame; mais il n'en est rien.

— Je vous jure que M. de Mouvra a reçu de moi la somme nécessaire à cette acquisition.

Je ne dis pas le contraire, madame; mais je n'ai rien touché : ainsi donc mes chevaux et ma voiture ayant été livrés en votre nom, vous-même les ayant reçus et employés à votre usage, c'est donc vous, madame, qui en êtes responsable.

Je vous soutiens, monsieur, que je ne vous dois rien.

— Alors, madame, malgré tout le regret que j'en éprouve, je me vois contraint de vous attaquer devant la justice, et de vous forcer à exhiber l'acquit de ma facture.

— Mais, au moins, monsieur, vous me permettrez sans doute d'attendre le retour de M. Albert de Mouvra, en ce moment en voyage, afin de pouvoir m'expliquer avec lui sur ce malentendu.

— J'en suis désolé, madame, mais je ne puis attendre davantage; car un marchand a toujours besoin de ses rentrées.

— Il le faudra pourtant, monsieur, car ne possédant point en ce moment la somme que vous réclamez, M. Albert étant le dépositaire de mes fonds.

Le marchand répond qu'il n'attendra

pas un instant de plus, et qu'en la quittant il va mettre sa créance dans les mains d'un huissier. Adeline, effrayée, tremblante, ne voit d'autre moyen d'échapper à cette honte, que d'offrir au carrossier de prendre, pour garantie de sa dette, l'équipage et les chevaux : ce à quoi consent cet homme, après mille difficultés. Deux heures après, les coursiers et la riche voiture étaient remisés chez le créancier, et cela à la grande douleur d'Adeline.

C'en est donc fait! Albert, l'indigne Albert a abusé de son amour et de sa confiance; tout le lui prouve, hélas! Ah! combien a-t-elle encore de malheurs à redouter? Trois jours se passent. Une lettre qu'apporte la femme de chambre, d'Albert sans doute?..... Non, ce n'est pas son écriture; elle vient de Paris : voyons ce qu'elle contient.

O ciel! est-ce possible? Un notaire écrit à Adeline de venir acquitter dans les vingt-quatre heures le prix de la maison de campagne dont M. Albert de Mouvra s'est rendu adjudicataire en son nom, et muni de son pouvoir; laquelle adjudication monte, hors les frais acquittés, à la somme de trente-deux mille francs. Comment! cette maison n'est point encore payée? Mais ce misérable Albert, qu'a-t-il donc fait des cent mille francs, lorsqu'Adeline n'a gardé entre ses mains qu'une somme modique, presque épuisée par les dépenses du ménage? L'infâme! aurait-il fui en emportant le bien d'une crédule femme, après avoir détruit chez elle, par son fatal amour, un rang honorable, ainsi qu'un sort brillant et fortuné?

— Oh! mon Dieu! mon Dieu! qu'il est cruel d'être ainsi trompée et forcée de mésestimer celui qu'on aime! s'écrie Adeline; mais que devenir, que faire, seule, sans conseil, sans argent? comment sortir d'un tel embarras?... Lui écrire, lui peindre ma pénible position, mais me répondra-t-il? est-il seulement en Suisse, ainsi qu'il me l'a annoncé? Oh! non, le perfide s'est soustrait à mes recherches, et ne m'a laissé, en récompense de mon amour et de mes soins pour lui que la honte et la misère!

Et ces paroles de la pauvre Adeline étaient accompagnées de larmes abondantes. Encore plusieurs jours de douleur et d'indécision, puis les poursuites de la justice, l'expropriation de la maison de campagne, la saisie des meubles garnissant lesdits lieux; puis la fuite d'Adeline à Paris, vers son appartement, où en arrivant elle essuie les injures, les scènes humiliantes d'un tapissier réclamant le paiement des meubles nombreux qu'il a fournis aux domiciles de la ville et de la campagne; enfin un abandon total de tout ce que possède Adeline, et son entrée dans la modeste chambre d'un hôtel garni, de chétive apparence, où l'infortunée va cacher sa honte, son désespoir et sa misère. Que faire? que devenir maintenant, et comment exister? en travaillant, oh! non, Adeline n'en a pas l'habitude; cependant, avant d'essayer à se livrer au théâtre, sa tante Duplan l'avait placée, selon sa demande, dans un magasin de modes; mais depuis le temps elle a presque tout oublié, ensuite il lui faudrait de quoi s'établir, et Adeline ne possède plus de toutes ses grandeurs que la modique somme de cinquante écus sauvée du naufrage général; quant à travailler chez les autres, fi donc! plutôt la mort qu'une telle honte. Sortant de penser ainsi, Adeline, par un instinct de coquetterie qui, en telle position qu'elles se trouvent, n'abandonne jamais les femmes, jette un coup-d'œil sur le miroir qui orne sa chambre, et y rencontre sa jolie figure un peu pâlie seulement par le chagrin. Alors, continuant à s'admirer avec complaisance :

— Allons ! encore un peu d'espoir, dit-elle, voilà un visage qui me console et doit à l'avenir me tenir lieu de fortune ; et puisque déjà il a tourné la cervelle d'un lord, pourquoi donc ne tournerait-il pas de nouveau celle d'un autre seigneur. Mais non, ce métier de femme entretenue répugne à sa délicatesse, et revenant à son ancien système, c'est amour et fortune qu'il lui faut : et l'un et l'autre chez le même homme se rencontrent difficilement ; la preuve, l'amant dont elle vient d'être victime, et dans qui elle croyait si bien avoir rencontré le bonheur suprême, le rêve de son cœur.

Cet Albert! comme il s'est conduit indignement avec elle; mais il ne l'aimait donc pas du tout? L'ingrat, en lui dérobant sa médiocre fortune, que ne lui a-t-il laissé son amour! S'il revenait soumis, repentant, oh! qu'elle aurait de bonheur à lui pardonner, à l'aimer encore! Mais, non! il faut l'oublier; puisque, pour toujours sans doute, il a fui loin d'elle. Le temps s'écoule, Adeline meurt d'ennui, car personne ne vient la visiter dans son pauvre réduit dont elle-même ose à peine sortir. Ah! si sa tante daignait lui pardonner son ingratitude, qu'elle s'estimerait heureuse de se réfugier près d'elle, près de son oncle, de cette bonne Adrienne qui ignore ses malheurs, puisqu'elle ne vient pas la voir ! Cependant, on ne peut rester éternellement cachée dans une triste chambre; il faut sortir, faire quelques démarches, afin d'essayer à découvrir Albert. Oui, c'est décidé; demain, Adeline, pour la première fois, quittera sa cachette; qu'a-t-elle à craindre, ses créanciers doivent être satisfaits; elle n'a donc rien à redouter de leur rencontre. Ce jour arrivé, la jeune femme qui a sauvé quelques effets de prix, se pare élégamment, quitte sa chambre et à son premier pas dans la rue, se trouve face à face avec son ancienne lingère : femme dure, criarde, qui, arrivée trop tard pour le partage du produit de la vente et n'ayant conséquemment rien reçu de sa créance, guettait depuis quelques jours Adeline, qu'on lui avait dit habiter dans cette rue. Attérée par cette rencontre inattendue, la jeune femme pâlit, et fixe avec effroi celle qui lui lance un regard courroucé en la saisissant par le bras.

— Madame, je n'ai plus rien, balbutie Adeline.

Bah! vous plaisantez, car vous voilà vêtue ni plus ni moins qu'une princesse, crie à tue-tête la lingère en toisant la victime du haut en bas d'un regard de commissaire-priseur.

—De grâce, madame, pas si haut; voyez, déjà l'on nous remarque.

—Eh! que m'importe, à moi; payez, ou je vous arrache à l'instant votre chapeau et votre châle.

— Par pitié, madame, fait Adeline élevant vers la mégère des mains jointes et suppliantes.

— Allons! allons! je n'écoute rien; de l'argent, et vîte.

— Je vous répète, madame, que je n'en

possède pas la centième partie de ce qu'il me faudrait pour vous satisfaire.

— Je veux ce que vous en avez, et de plus vos robes et vos colifichets ; dépêchons de monter chez vous, ou ça va se passer on ne peut plus mal. Allons, passez devant, et montrez-moi le chemin, s'écrie la lingère d'une voix haute avec accompagnement de gestes menaçans.

Adeline n'a plus la force de répondre, et pressée d'échapper aux regards curieux des passans qui s'attroupent, elle obéit et conduit la lingère dans sa chambre.

— Ah ! ça, vous me devez sept mille francs, la belle ; voyons, qu'allez-vous me donner en à-compte ?

— Je possède cent cinquante francs, madame.

— Il me les faut ; puis cela, puis cela ; enfin, tout ce que je vois dans ces tiroirs, cette armoire; de plus, votre châle qui est très beau.

— Hélas! madame, vous ne me laisserez donc rien, dit avec douleur la jeune femme en voyant la cupide créancière envelopper tout ce dont elle s'empare, et vider les armoires et autres meubles jusqu'à la dernière nippe.

— Ah! ah! et ces boucles d'oreilles, reprend-elle en apercevant celles pendues aux oreilles d'Adeline.

— Quoi! encore, madame?

— Toujours! Il m'est dû sept mille francs, et toutes ces nippes en valent au plus cinq.

— Mon Dieu! mais vous me laissez sans ressource aucune.

— Vous travaillerez, ma chère; ensuite les amoureux ne sont pas morts, et les femmes de votre sorte savent les exploiter.

En disant, l'implacable lingère faisait tomber des oreilles d'Adeline les riches girandolles en brillans qu'elle joignit à l'écrin renfermant les autres bijoux de la jeune femme, et mit le tout dans sa poche; puis, un paquet sous chaque bras et prête à sortir de la chambre, sans égard aux pleurs de l'infortunée qu'elle dépouillait sans pitié :

— Vous connaissez ma demeure, belle dame; lorsqu'il vous plaira de m'apporter le reste de ma créance, vous serez la bien venue, dit-elle, et elle partit.

Adeline restée seule, à l'aspect de son dénûment, de ces armoires ouvertes et vides, se livre au plus profond désespoir. Que va-t-elle devenir? Comment existera-t-elle seulement un jour? Ah! la mort, oui la mort, voilà sa seule ressource; car elle la préfère à mendier un pardon, un secours à une famille qu'elle a fui lors de son opulence. Pour Adeline, la journée s'achève dans les larmes et les sinistres réflexions. Abîmée dans sa douleur, l'infortunée ne s'aperçoit même pas que la nuit a effacé le jour, qu'elle pleure dans les ténèbres, et que son estomac, exténué par un long jeûne, par des douleurs aiguës, lui demande de la nourriture. Vaine exigeance, hélas! car celle qui deux mois avant nageait dans l'opulence et le superflu; qui, dans un carrosse, promenait son indolence, n'a même plus en ce moment de quoi se procurer un morceau de pain pour apaiser les besoins qui la tourmentent, et qui, devenant de plus en plus impérieux, l'arrachent à toute autre pensée.

Au jour du malheur tu me reverras,

Adeline, et la fortune que je posséderai alors, je la partagerai avec toi, lui a dit Lucien, et Lucien tient parole; car la porte de la chambre, laissée entr'ouverte par mégarde, vient de s'ouvrir et de lui donner passage.

— Adeline, êtes-vous ici? pourquoi cette obscurité qui m'empêche de vous apercevoir?

Des sanglots douloureux répondirent seuls à cette interpellation.

— Oh! Adeline est présente; car ces pleurs, signe de malheur et de repentir, me l'annoncent. Calme-les, Adeline; un ami qui connaît tes revers vient à toi sans haine ni courroux; il t'apporte secours et consolation; parle-lui donc, fais entendre qu'en lui tu places ta consolation et ta confiance; car, en échange du bien qu'il veut te faire, il n'exige pas que tu lui donnes un cœur que tu lui refusas sans cesse, ce serait te faire payer trop cher, n'est-ce pas, un peu de soulagement à tes maux ?

— Lucien ! Lucien ! grâce et pitié; oh ! mon ami ! s'écrie enfin Adeline en tombant à genoux aux pieds du jeune homme qu'elle a distingué dans l'obscurité.

— Oh! relève-toi, Adeline, ce n'est que devant Dieu qu'une femme doit s'humilier ainsi.

Et il la prenait dans ses bras, la plaçait mourante sur un siége, et retenait de toute la force de son âme les caresses dont il brûlait d'envie de couvrir ce corps adoré. Elle est évanouie; vite de la lumière, des secours, Lucien a bientôt franchi l'escalier, et de retour avec une bougie et des sels, il rappelle à la vie celle dont ses yeux contemplent avec amour les traits enchanteurs.

— Lucien, du pain! murmure Adeline d'une voix faible.

— O ciel! Adeline! demander du pain. Ah! j'ai trop tardé, je le vois, exclame Lucien douloureusement.

Alors, laissant la jeune femme seule, il court de nouveau, et revient apportant lui-même toutes les choses nécessaires à un repas sain et léger. Adeline y touche à peine, de quoi seulement apaiser sa souffrance. Puis, plus calme, raconte à Lucien tous les malheurs qui l'ont accablée depuis qu'ils ne se sont vus. Le jeune homme, après avoir entendu, la blâme de son peu de fermeté de s'être ainsi laissée dépouiller, et de ne l'avoir point fait appeler afin d'avoir près d'elle quelqu'un qui veillât à ses intérêts. C'est avec crainte, et d'une voix timide, qu'Adeline ose enfin prononcer devant Lucien le nom d'Albert dont elle se plaint amèrement; et cela, afin de provoquer le jeune homme, et essayer à apprendre de lui des nouvelles de cet amant; plus encore, par quels moyens il a su connaître la conduite de cet homme et prédire tous les malheurs arrivés par sa faute. Lucien raconte alors, qu'instruit par Psyché des amours d'Albert et d'Adeline, et de l'éloignement de lord Betson, il a voulu connaître ce rival heureux qui, en un instant, avait su conquérir un cœur que lui, après quatre ans de soins et d'amour, avait trouvé rebelle à ses désirs; ajoutant que Psyché le lui ayant montré un jour sur le boulevart, il l'avait suivi jusqu'à sa demeure, hôtel des Princes, rue de Richelieu; que le hasard avait voulu que lui, Lucien, fut lié intimement avec un employé de cette maison, qui lui avait appris qu'Albert Mouvra, et non de Mouvra, comme il se faisait appeler, était un homme ruiné, endetté à force d'inconduite; que depuis long-temps cet homme vivait d'intrigues et aux dépens des femmes que ses manières élégantes et son physique avantageux rendaient sensibles à ses hommages; qu'alors il avait plaint le sort d'Adeline, et reculé devant la tâche de l'instruire de la conduite de son nouvel amant, dans la crainte qu'enthousiasmée d'Albert, elle n'ajoutât nulle foi à ses discours, et ne pensât que la jalousie le rendait seul l'accusateur de son rival. Renonçant à cette démarche, Lucien n'en avait pas moins persévéré à épier les deux amans, à rester témoin invisible de leur folle prodigalité et des ruses employées par Albert pour l'acquisition à crédit des objets de luxe et et de la maison de campagne. Ensuite, apprenant le départ de l'amant, et que la modeste fortune d'Adeline était tout entière en sa possession, il avait tremblé pour cette dernière; et que, poussé par un désir irrésistible de la voir encore une fois, de la prévenir des dangers où l'exposait son aveugle confiance dans un être indigne, il avait entrepris la démarche de se présenter à elle dans sa maison de Saint-James.

— Indisposé jusqu'à ce jour par le chagrin que m'avait causé votre cruelle réception, continua Lucien, je fus forcé de garder le lit; et ce n'est que depuis avant-hier, ma première sortie, que j'appris votre ruine et votre fuite, de la bouche de Tonton qui, lui-même, vous ayant aperçue entrer dans cet hôtel, me l'indiqua comme devant être votre domicile.

— Ah! que de peines je vous ai causées, mon bon Lucien.

— Oublions-les, chère Adeline, et parlons maintenant de votre sort à venir; apprenez-moi quels sont vos projets ?

— Hélas! puis-je en former, privée de tous moyens et repoussée dans la carrière que j'avais embrassée ?

— Femme injuste! ne suis-je point là, moi, votre ami; ne vous ai-je pas dit que Lucien partagerait avec vous, comme un frère avec sa sœur? Eh bien! la mort d'un parent respectable, en augmentant mon avoir, me permet, Adeline, de mettre vingt mille francs à votre disposition; c'est peu, il est vrai, pour vous, habituée à des monceaux d'or, à une existence de luxe et de dépense; mais, corrigée par une cruelle école, consentez, mon amie, à utiliser cet argent dans un commerce honorable et lucratif; alors il vous sera permis de connaître encore l'aisance et la paix. Jadis, ajouta Lucien, vous apprîtes à faire les modes, cet état joint à l'élégance un salaire avantageux ; eh bien ! ouvrez un magasin ; travaillez, et la fortune, l'indépendancc couronneront vos efforts.

— Oh ! mon ami ! que vos conseils sont prudens et sages ! Oui, je veux, je dois les suivre et les adopter avec bonheur. Mais vous, Lucien, qui voulez vous dépouiller pour moi, que deviendrez-vous ?

— Riche encore, puisque je posséderai le nécessaire, Adeline me permettra d'aller quelquefois près d'elle guider son inexpérience et veiller à ses intérêts.

— Plus encore, mon ami, c'est qu'Adeline n'acceptera rien de Lucien, s'il ne consent à venir se fixer près d'elle.

— Comme un frère, n'est-ce pas ? demande le jeune homme avec une vive émotion causée par l'offre d'Adeline, dont il n'ose interpréter le sens.

— Oui, comme un frère, d'abord; puis un jour, lorsqu'Adeline en sera devenue digne, lorsque le temps aura déraciné de son cœur une fatale passion, Lucien sera le maître d'accepter ou de refuser sa main et sa possession.

— Oh! mon amie! quel doux espoir vous versez dans mon âme, et combien vous récompensez au-delà de mon attente le léger service qu'en votre faveur me dictent l'amour et l'amitié!

III

Réconciliation.

Six semaines se sont à peine écoulées, que, fidèle à ses projets, à ses nouveaux plans de sagesse et de travail, Adeline est déjà installée dans un charmant magasin de modes situé rue du Helder, Chaussée-d'Antin; car, le lendemain de la reconciliation, Lucien et elle se sont mis en campagne afin de découvrir une demeure avantageusement située pour exercer l'état en question. Trois à quatre jours ont suffi pour trouver l'objet de leurs recherches; et le bail passé, ouvriers de toutes sortes se sont mis à l'œuvre et ont transformé en fort peu de temps un ignoble local en une élégante boutique ornée de glaces, tapis et dorures: ornemens indispensables pour attirer les chalans imbéciles, comme la lumière attire le papillon, pour leur persuader la supériorité de la marchandise, et acquérir le droit de la leur faire payer le double de sa valeur.

En sus de la boutique, il y a aussi une salle située sur le derrière; puis un petit escalier conduisant à deux jolies pièces: l'une servant de chambre à coucher à Adeline, l'autre de salon; puis, au troisième, dans la maison, une autre pièce réservée à Lucien, où chaque soir il se retire en soupirant. La modiste est jolie : aussi a-t-elle peu tardé à être remarquée, et chaque mari s'est-il fait un devoir de l'imposer à sa femme, et de venir avec elle décider de la forme et de la couleur du chapeau. Adeline travaille avec courage, assiduité ; deux gentilles ouvrières la secondent dans ses ouvrages où règnent la fraîcheur et le bon goût. Lucien déjeûne avec son amie, puis après remonte à sa chambre, s'occupe de ses ouvrages littéraires, et ne revoit Adeline que fort tard et à l'heure du dîner. Quant aux soirées, elles sont longues en hiver ; aussi, pour chasser l'ennui, les deux jeunes gens les passent-ils ensemble, en tête-à-tête dans le joli salon de la maîtresse du lieu : une aimable causerie, quelques lectures, en charment le cours; ensuite arrive l'heure du repos, les ouvrières ferment le magasin, vont rejoindre leurs amans, et nos deux jeunes gens, prêts à se séparer, se disent encore quelques mots. Adeline comprend les soupirs de Lucien, devine le motif de la lenteur qu'il met à s'éloigner quoique debout et la lumière en main; mais il n'est pas encore temps, et le pauvre garçon s'éloigne enfin en poussant un profond et douloureux hélas! Le niais a donc oublié le précepte de Jolivet, que pour avoir il faut oser; car, risque d'attendre longtemps, quiconque ne sait brusquer une indécision.

Il y a fort long-temps que Lucien n'a rendu visite à la famille Duplan; cependant, en apprenant les projets du jeune homme à l'égard de leur nièce dont ils connaissent les malheurs, l'oncle et la tante ont applaudi Lucien, tout en refusant de coopérer à cette œuvre bienfaisante à laquelle se serait facilement associé M. Duplan, sans la défense expresse de sa rancunière moitié. Quant à Adrienne, sa bouche était restée muette, son cœur s'était gonflé, et ses larmes avaient humecté sa paupière; car la pauvre enfant, dans cette nouvelle liaison entre Adeline et Lucien, avait entrevu de suite la ruine des espérances qu'avait fait naître en elle le mariage projeté du lord et de sa cousine. Lucien donc, songeant un soir au concierge et à son épouse, résolut de réconcilier Adeline avec eux, en obtenant pour elle le pardon de la tante; mais avant, il était utile de consulter la jolie modiste dont il espérait obtenir l'approbation à cette sage démarche. En effet, Adeline manifesta une grande joie à cette nouvelle, et pressa même le départ du jeune homme, en lui recommandant de bien assurer à sa tante la sincérité de ses regrets; que son seul et plus doux désir serait de réparer ses torts envers sa famille, et de vivre avec elle dans un heureux accord. Lucien partit donc et se présenta chez le concierge, où, selon la coutume, on lui fit un amicable accueil, tout en se plaignant de sa longue absence.

— Êtes-vous indisposée, Adrienne? demande le jeune homme à la jeune fille, dans les traits de qui il remarque de l'altération et une pâleur peu habituelle.

— Oui, oui, je souffre; et beaucoup, répond-elle d'une voix émue et les larmes aux yeux.

— Pauvre enfant! fait madame Duplan en caressant sa nièce dont elle appuie la tête sur son sein; mais dis-nous donc ce que tu as, pourquoi tu souffres, cher ange; et si pour te rendre à la santé, à cette heureuse gaîtéque nous admirions en toi il faut sacrifier tout ce que nous possédons, tu sais bien, Adrienne, que nous n'hésiterons pas un instant?

— Oh merci! merci ma bonne tante, cela ne sera rien, je l'espère. Puis se tournant vers Lucien et s'efforçant à sourire, mon ami, reprend-elle, donnez-nous des nouvelles d'Adeline, de son commerce; est-elle enfin heureuse et contente?

— Non, elle n'est pas entièrement satisfaite...

— Quoi! pas encore? mais que faut-il donc pour qu'elle soit contente cette mijaurée-là, qui cependant à cent fois plus de bonheur qu'une honnête fille.

— Ah! madame Duplan, quelle humiliante dénomination, dit Lucien.

— Ma foi, tant pis! je l'ai lâchée et ne m'en dédis pas; car, n'est-ce pas enrageant de voir une fille qui a tant de bonheur se plaindre sans cesse? surtout lorsqu'un bon garçon comme toi, Lucien, répare de sa bourse les sottises qu'elle n'a cessé de faire, et l'arrache à la misère où l'ont plongée les désordres et l'inconduite. Que n'est-elle restée honnête femme! Aujourd'hui, elle serait une grande dame d'Angleterre, l'épouse d'un brave homme riche et considéré.

— Ou plutôt, pourquoi ce lord enragé s'est-il permis de la faire siffler à ses débuts; elle serait en ce moment une actrice courue et applaudie, fait entendre monsieur Duplan qui n'a encore rien dit jusqu'alors.

— Détrompez-vous, monsieur; votre nièce, croyez-moi, n'était point appelée à de grands succès ; elle n'eût été jamais qu'une médiocre comédienne; son action la plus sage est d'avoir renoncé à une scène où elle eut végété sans gloire ni profit.

— Bah ! je m'y connais, moi qui, pendant dix ans, ai fait les délices du théâtre Doyen où je jouais chaque dimanche ; aussi suis-je certain, qu'avec du travail et l'habitude de la scène, Adeline aurait fini par faire une actrice très agréable.

— Au nom du Ciel, monsieur Duplan, n'allez pas vous aviser de répéter ces sottises-là devant votre nièce, et lui fourrer de nouveau dans la tête de reprendre cet infernal métier de comédien, dit avec humeur la digne concierge.

— Non, ma femme, non! Adeline est établie, et en bon chemin de faire son sort ; je n'irai donc pas la dégoûter de sa présente position; mais, entre nous, je suis libre, je pense, de regretter pour elle la perte d'un état où trois mois de congé et une tournée dans la province lui auraient procuré cent fois plus d'argent et de gloire que ne lui en rapporteront les chapeaux qu'elle fabriquera dans l'espace de cinq années.

— En admettant qu'Adeline eût un grand talent, vos regrets seraient de toute justice, mon cher monsieur, répond Lucien au concierge; mais Adeline, toute jolie et gracieuse qu'elle soit, est et sera toujours une mauvaise actrice, je le répète avec conviction. Dans cet état, beaucoup trop d'appelés, hélas! mais fort peu d'élus. On ne peut voir vraiment sans tristesse, ajoute Lucien, cette manie de vie de comédien qui s'empare malencontreusement de la plupart de la jeunesse; cette manie où la multiplicité des théâtres et la facilité des genres en crédit entraînent tant de jeunes gens des deux sexes, pour les transformer en pauvres et faméliques acteurs. Cependant, il y a parmi des hommes pleins de vigueur, et quelquefois d'esprit, qui pourraient se rendre utiles à leur pays, à leurs concitoyens, et s'honorer eux-mêmes par quelque bonne et noble profession; puis des femmes spirituelles, jolies, faites pour le bonheur d'un mari, pour faire d'excellentes mères de famille et de bonnes ménagères; et tout cela ira se perdre dans cette vie étiolée : vie de méchans théâtres, de mauvaises pièces et de misérables coulisses : triste refuge de la paresse, du vice et de l'inutilité!

— J'en suis désespéré, mon cher Lucien, mais véritablement je suis forcé de vous dire que vous n'avez pas l'âme artiste, répond M. Duplan.

Bah ! laissez là vos acteurs et vos théâtres ; et vous, monsieur Duplan, descendez à la salle, où sans doute vous attendent en ce moment quelques dégageurs ou emprunteurs.

— Pardon, madame ; mais je désire encore pour un instant la présence de monsieur, afin de pouvoir exposer devant la famille assemblée la démarche dont je me suis chargé près d'elle.

— Parle, mon garçon, nous t'écoutons de toutes nos oreilles, répond la concierge en faisant signe à son mari de reprendre la place qu'il venait de quitter, afin d'obéir à l'ordre conjugal.

— Je vous disais donc, lorsque vous m'avez interrompu, que quelque chose manquait encore au bonheur de votre nièce Adeline, reprend Lucien.

— Eh bien! que lui manque-t-il encore?

des rentes et un équipage, sans doute; ah! la mondaine créature!

— De grâce! madame Duplan, veuillez me laisser achever. Sachez donc que ses désirs sont plus ambitieux que vous ne les supposez encore, madame; et vous seule pouvez les satisfaire et la rendre la plus heureuse des femmes, la plus soumise et la plus reconnaissante des nièces.

— Oh! oh! exclame la concierge, voyons, de quoi s'agit-il?...

— De lui pardonner ses torts, et de lui permettre de venir à vos pieds vous faire ses excuses, vous assurer de son repentir et recevoir de vous le baiser de paix et de miséricorde.

— Jamais! s'écrie d'un ton ferme madame Duplan; Adeline a fui notre maison, s'est déshonorée, elle ne doit plus rentrer ici.

— Ah ! ma tante, quel arrêt sévère ! Grâce ! grâce pour Adeline !

— Tais-toi, enfant ; veux-tu donc, en la recevant ici, que je te mette, toi, un ange, en contact avec le diable ? Elle te perdrait, ma chère petite, te tournerait la tête avec ses goûts mondains ; alors peut-être deviendrais-tu ambitieuse aussi, et il n'y aurait plus de bonheur pour toi sous le toit de ta famille.

— Cependant, mamoutte, il est beau de pardonner ; et du moment que notre nièce, ainsi que la brebis égarée, revient au bercail, je ne sais pourquoi nous ne lui tendrions pas la main.

— Taisez-vous, sans cœur ! Je comprends que vous consentiez à pardonner si facilement des fautes qui ne sont autres que la conséquence de vos mauvais conseils et de votré sotte idée de faire une comédienne de votre nièce; quant à moi, je ne veux plus la revoir. Ainsi donc, puisqu'elle se trouve à l'abri du besoin, qu'on ne m'en parle plus, et que le ciel la conserve dans le bon chemin, où elle paraît être rentrée.

— Est-ce le moyen de l'encourager à s'y maintenir, madame, que de lui refuser d'abord la récompense de son repentir? dit Lucien.

— Oh! je conçois, mon cher garçon, que je ne suis pas aussi facile que toi; c'est que, vois-tu, l'amour ne m'aveugle pas, moi; et c'est ce qui fait, qu'ainsi que toi, je n'oublie ni ne pardonne si lestement les offenses qu'on m'a faites.

Lucien, intimidé par ces derniers mots, n'ose de suite reprendre la parole.

— Ma bonne tante, pourquoi tant de sévérité? Ah! recevez Adeline, oubliez ses fautes, c'est le vrai moyen d'encourager sa nouvelle conduite : oui, vous lui pardonnerez, n'est-ce pas? Elle peut venir vous embrasser, et entendre votre bouche l'appeler votre nièce bien-aimée?

En disant, Adrienne pleurait, et ses bras caressans entouraient le cou de la tante, qui, tout émue, malgré son apparente inflexibilité, mollissait peu à peu.

— Allons, ma chatte, soyons indulgens, que diable! Une nièce est une nièce, c'est notre sang, pourquoi donc ne pas répondre à son appel? risque de faire entendre le concierge, sans oser fixer sa moitié.

— Oui, ma tante, Adeline vous aimera autant que moi; elle se rendra digne de votre pardon, légitimera votre indulgence. Oh! grâce, grâce, ma bonne tante.

— Oui, grâce, madame; car je me rends garant que desormais la conduite d'Adeline n'aura rien que d'honorable pour sa famille, reprend Lucien.

— Vous le voulez tous? Eh bien! qu'elle vienne; mais Dieu veuille qu'un jour vous n'ayez pas à vous plaindre de votre confiance!

— Merci, merci! ma tante, s'écrie Adrienne en déposant un baiser sur la grosse joue de madame Duplan.

— M'est avis que tu ferais bien et sagement d'aller de suite chercher notre jeune repentante, dit le concierge d'une voix basse à Lucien.

— Que dites-vous à ce jeune homme, monsieur? demande la tante.

— Que vous êtes, ma mignonne, la meilleure femme du monde.

— Qui ne vous pardonnerait cependant pas une seconde fois la perte de votre nièce, si vous vous avisiez de la relancer de nouveau dans vos tripots de théâtre.

— Oh! je m'en garderai bien, moumoutte!

— Ah ça! quand la verrons-nous cette superbe modiste?

— Aujourd'hui même, madame, si vous le permettez; car je cours de ce pas lui porter cette bonne nouvelle.

Encore quelques mots, puis Lucien s'éloigne plein de joie et de bonheur.

— Hélas! comme il l'aime, et que je suis malheureuse! s'écrie Adrienne, après avoir vu le jeune homme s'éloigner, et en remontant à sa chambre, où, sans témoin, la pauvre fille donna un libre cours à ses abondantes larmes.

Deux heures après, une riche voiture, de laquelle descendait lord Betson, était arrêtée à la porte du Mont-de-Piété.

Grande surprise et politesses de la part des époux Duplan en recevant l'Anglais une seconde fois et contre leur attente.

— Bon ! murmure tout bas le concierge, il veut encore épouser Adèline, et vient sans doute nous charger de sa réconciliation avec elle?

— *Good, morning, how is it with your health?*

— Plait-il, monsieur? dit madame Duplan, fixant l'Anglais d'un regard étonné et ne comprenant rien à son langage.

— Oh! ce être juste, vous pas comprendre le langue anglais; moi demander à vous des nouvelles de la santé et de la petite miss Adrienne?

— Vous êtes bien honnête, mylord, la santé ne va pas trop mal; donnez-vous la peine de monter, notre nièce est là-haut et vous recevra avec plaisir.

— Yes, vous monter aussi, madame, et le époux à vous; moi avoir beaucoup de chose à dire à vous.

— Volontiers, monsieur mylord, ma femme et moi sommes entièrement à vous.

L'Anglais monta l'escalier suivi des deux époux; Adrienne l'aperçut, rougit et se leva pour venir à sa rencontre.

— Vous pas se déranger, miss; moi, au contraire, se asseoir près de vous. Oh! toujours travailler beaucoup, miss, dit l'Anglais en fixant son regard sur la table près de laquelle Adrienne venait de se replacer?

— Il faut bien, mylord, lorsqu'une jeune fille veut amasser sa dot elle-même.

— No, miss Adrienne, ne pas avoir le besoin de le amasser, car elle être beaucoup riche en vertus, en beauté.

Et la jeune fille de baisser les yeux et de rougir davantage.

— Oui, tout cela c'est quelque chose; mais les épouseurs exigent en plus un peu d'argent, souvent plus précieux à leurs yeux que les bonnes qualités.

— Oh! cela être vil!

— Certainement que oui; car, comme vous dites, mon Adrienne sera un trésor pour un honnête homme; en elle il trouvera une compagne laborieuse, sage, économe.

— Ah! ma tante, assez, de grâce!

— Oui, je conçois que ce panégyrique te fait rougir, cher ange, mais tant pis, pourquoi joins tu la modestie à tes autres qualités, pourquoi es tu l'enfant chéri de mon cœur.

Et, en terminant, la bonne tante, emportée par sa tendresse et sa sensibilité, versait des larmes dont elle arrosait la figure de celle qu'elle couvrait de baisers.

— Cela est vrai que nous sommes heureux en nièce, dit calinement M. Duplan en s'essuyant aussi une larme avec son mouchoir.

— Yes, vous être heureux de avoir ce jeune fille pour consoler vous de la conduite infâme de miss Adeline, dit l'Anglais froidement.

— Oh! elle est changée tout à son avantage maintenant; vous ne le savez donc pas, monsieur mylord? reprend le concierge avec enthousiasme.

— Silence, monsieur Duplan, pourquoi rappeler votre nièce à monsieur lorsqu'il a le juste droit de se plaindre d'elle?

— Dam, moumoutte, c'est que...

— Taisez-vous, vous êtes un maladroit. Puis, se tournant vers l'Anglais, veuillez m'excuser, mylord, de pleurer ainsi en votre présence, ajoute madame Duplan en essuyant ses yeux.

— Lord Betson être très heureux, très content de assister à ce scène; lui attendri toute de même que vous, madame, lui beaucoup aimer et estimer le petite miss Adrienne et venir le demander à vous en mariage.

A ces mots, le concierge de reculer de surprise jusqu'à la cheminée, d'écraser la patte du chat et, d'un coup de son coude, de fêler le globe de la pendule: accidens auxquels, dans sa joie et son étonnement, son épouse ne porte nulle attention. Quant à Adrienne, la pauvre fille! toutes les roses de son teint ont refluées vers son cœur, et l'agitent en ce moment de violens battemens.

— Quoi! mylord, n'est-ce pas une erreur de mon entendement, vous demandez notre Adrienne en mariage?

— Yes, madame, si vous vouloir consentir à ce bonheur pour lord Betson.

— Mais vous n'ignorez pas qu'Adrienne ne possédera un jour, pour tout bien, qu'une partie du nôtre, très chétif je vous assure?

— Oh! cela être tout-à-fait égal, moi vouloir elle toute seule.

— Ma foi, mylord, mon mari et moi vous l'accordons avec plaisir et joie; mais, à la condition qu'Adrienne y consente, car nous serions désespérés de contraindre sa volonté.

— Vous parler, miss, et dire à moi si vous vouloir être myladi Betson?

— Ah! monsieur, que suis-je donc pour mériter un tel honneur?... répond péniblement la jeune fille au regard baissé.

— Vous être la femme de mon choix, la femme dont je admire la vertu, et que le cœur à moi désire ardemment.

— Allons, réponds, mon enfant; acceptes-tu la proposition de mylord...

Adrienne ne répond pas, des pleurs coulent de ses yeux; enfin, pressée de toutes parts, un non s'échappe de ses lèvres à la surprise générale de chacun.

— Oh! moi être beaucoup fort malheureux! s'écrie le lord avec l'accent de la douleur.

— Adrienne, tu n'y penses pas ma chérie, pourquoi refuser l'honneur dont un honnête homme te trouve digne?...

— Ah! ne m'interrogez pas, ma chère tante. Mon Dieu, que je souffre, que je suis à plaindre!

— Toi, souffrir, à plaindre, pauvre enfant! as-tu donc quelques chagrins que tu n'aies contés à ta tante, à ta seconde mère?

— Diable! tu es bien difficile, Adrienne, car tu refuses ce qu'Adeline serait fort heureuse d'accepter une seconde fois, si monsieur mylord voulait oublier le passé, dit le concierge. Et le regard sévère de sa femme de lui prouver aussitôt qu'il a dit une bêtise.

— Miss Adrienne, moi ne pas vouloir gêner vous du tout, vous réfléchir à ma propositionne, et moi revenir visiter vous dans quelques jours. Surtout, pas faire à vous du petite chagrine, car lord Betson, si lui ne pas être le époux de votre personne, lui en devenir le ami et le père.

— Ah! monsieur, que vous êtes un brave homme; mais, soyez tranquille, je me charge moi-même de plaider votre cause près d'Adrienne, et de lui faire entendre le langage de la raison, répond la concierge aux paroles du lord, auxquelles la jeune fille n'a répondu elle-même que par un regard où se peignaient la douleur et la reconnaissance.

Et quelques instans après :

— Dieu! s'il faut avoir le sens commun pour refuser d'être un jour une *mère* d'Angleterre et maîtresse d'une si belle voiture! s'écriait M. Duplan en regardant, de sa porte, s'éloigner l'équipage du pair d'Angleterre, et avoir laissé son épouse en tête-à-tête avec Adrienne.

— Adrienne, disait de son côté la bonne madame Duplan à la jeune fille, nous sommes seules maintenant, ma chérie, voyons, franchement, dis-moi pourquoi cette folie de ta part, de refuser un parti aussi magnifique que celui de lord Betson? Tu n'as donc pas réfléchi, enfant, à tout le bonheur, toutes les jouissances que te réserve une union que j'enrageais, il y a quelque temps, de voir devenir le partage d'Adeline; tandis que toi bonne et sage, tu serais restée une pauvre fille. Allons, fais-moi entendre tes raisons, tes excuses et surtout donne-les-moi justes et sans réplique; car il me les faut ainsi pour que je puisse, s'il est possible, approuver un refus des plus extravagans.

— Ma tante, ma bonne tante! ignorez-vous donc que ce mariage m'éloignerait de vous, me priverait peut-être pour toujours de votre présence, puisqu'il faudrait suivre lord Betson dans sa patrie?

— Hem! fait la dame, je conçois que ceci te ferait grand'peine et à nous aussi, qui t'aimons tant; mais ce ne doit pas être encore un obstacle bien majeur, car, oublies-tu, toi-même, Adrienne, que pour les gens riches il n'est pas de distance? et tu la serais riche, et très riche alors, brillante de beauté et de parure, à même de faire du bien, toi qui as si bon cœur; allons, avoue-moi que la timidité, le saisissement t'ont ravis toute réflexion, et que ton refus était aussi extravagant que contraire à ta pensée?

— Non, ma tante, non, je ne puis être l'épouse de lord Betson; je veux rester fille, vivre près de vous, toujours près de vous.

— Nous sommes fières de l'amitié que tu nous portes, mon enfant, mais ne voulons pas qu'elle te soit aussi préjudiciable. Adrienne, mon enfant! consens à ton bonheur, si tu veux que le nôtre soit parfait; réfléchis que ton oncle et moi devenons vieux, et lorsque nous t'aurons dit le dernier adieu, que feras-tu, seule en ce monde, sans amis, sans protecteurs?

— Ne me parlez pas ainsi, ma tante; si vous saviez le mal que vous me faites éprouver.

— A moi aussi, tu en fais en refusant ton bonheur, petite sotte; mais, continue, voyons tes autres raisons?

— Je n'en ai d'autre que celle de ne vouloir jamais me marier, répond Adrienne en caressant sa tante.

— Oh! je te devine, tu me caresses pour que je ne gronde pas; mais, en pareille circonstance, je ne veux et ne dois pas me laisser influencer; aussi te dirai-je que ton excuse est détestable et sans force aucune; car toute fille se marie et quitte sa famille en ce monde. Or donc, mon enfant, il te faut subir la loi commune et prendre un époux.

— Jamais, jamais vous dis-je! prononce

Adrienne avec fermeté en donnant un nouveau cours à ses larmes.

— Allons, allons, ne pleure donc pas ainsi, mon enfant, sois calme; ainsi que mylord, je t'accorde quelques jours pour réfléchir et nous faire entendre ensuite une sage réponse. Or donc, laissons tout cela et préparons-nous à recevoir ta cousine qui ne peut tarder à arriver.

IV

Elle y consent.

Lucien, en entrant au magasin, après avoir quitté la famille Duplan et travaillé au raccommodement, trouva Adeline occupée avec deux dames, l'une jeune et l'autre d'un âge mûr, qui faisaient à la modiste la commande d'un chapeau et d'un riche turban. Le choix terminé et les prix convenus, ayant recommandé à Adeline la plus grande exactitude, les deux dames s'éloignèrent, après avoir donné leur adresse.

— Eh bien, mon ami, quelle nouvelle? damande Adeline, étant passée avec Lucien dans l'arrière boutique.

— Excellente, ma chère, car j'ai obtenu grâce pleine et entière et, oubliant le passé pour ne plus s'occuper que du plaisir de se revoir et s'embrasser, ta famille, qui t'attend, m'envoie te chercher afin de hâter ta venue.

Adeline sourit aux paroles du jeune homme, mais elle est loin de manifester une joie telle que Lucien l'attendait. Enfin, n'importe, elle se pare; sa mise est simple, mais de bon goût : une trop grande toilette effaroucherait les bonnes gens. Ils partent, une voiture les transporte et les dépose à la porte de l'oncle et de la tante.

— La voilà! la voilà! s'écrie M. Duplan apercevant de sa fenêtre descendre Adeline de voiture; puis, il accourt au-devant d'elle, lui tend les bras et la presse paternellement sur sa poitrine.

La réception de la tante est moins chaleureuse, la dame présente froidement sa joue à sa nièce, et, lui prenant la main :

— Sois la bien venue, Adeline, je souhaite que notre réconciliation soit sincère et durable, et que ta conduite à venir permette à ta famille de toujours te recevoir comme son enfant bien-aimé.

Puis, vient Adrienne, les yeux rouges, mais le sourire sur les lèvres; les deux jeunes filles s'embrassent de bon cœur, avec cordialité; puis on cause beaucoup, sans se communiquer cependant la visite et la demande en mariage du lord, car il a été convenu, par égard pour Adeline, qu'on en ferait mystère jusqu'à nouvel ordre. Il est six heures du soir, heure du souper, car on soupe chez le concierge, et ce jour, en faveur de la réconciliation, plus copieusement encore qu'à l'ordinaire. On prend place au couvert, Adeline s'asseoit à celle qu'elle occupait jadis, et Lucien s'est empressé de se placer à côté d'elle, au grand regret d'Adrienne, à qui cette précaution arrache un soupir de regret et de jalousie.

Le souper se compose d'un lapin en gibelotte, élève de M. Duplan, aussi sent-il le choux à plein nez; puis un morceau de veau rôti, une salade et des fruits. Voilà de quoi vivre, et pourtant Adeline touche à peine à ces mets, trop grossiers sans doute pour son palais délicat et habitué à tout ce que l'art culinaire a de plus fin et de plus parfait. M. Duplan, placé en face de sa nièce chérie, la dévore des yeux ; aussi, versant le vin à côté des verres, inonde-t-il la nappe et reçoit-il les réprimandes de sa moitié sur sa distraction. Lucien, glorieux d'un raccommodement qui est son ouvrage, mange peu et s'occupe entièrement d'Adeline; Adrienne ne dit mot et soupire tout bas, et madame Duplan, qui seule fait honneur au repas, régale en sus, et la bouche pleine, les jeunes gens d'un discours sur l'économie domestique, ce qui occasionne à Adeline d'affreux bâillemens qu'elle étouffe à grand'-peine. Ne pouvant plus y résister, déjà le concierge a essayé d'entamer le chapitre de la comédie, et trois fois son épouse, en lui montrant de gros yeux, a fait expirer la parole sur ses lèvres.

Le repas se termine enfin, et à la grande satisfaction d'Adeline. Il se fait tard, il y a loin du Marais à la Chaussée-d'Antin; aussi Lucien, d'après le conseil donné tout bas par la modiste, annonce-t-il leur départ, et une heure après tous deux étaient de retour chez eux, Adeline, fort ennuyée de sa soirée et promettant de ne point fatiguer les chers parens par de trop fréquentes visites.

Les deux jeunes gens sont seuls dans la chambre à coucher; Adeline, tout en causant, met ses papillottes, et Lucien, debout et près d'elle, admire sa jolie figure, vante la douceur et la couleur de ses cheveux, en saisit chaque boucle qu'il couvre de baisers, puis ses lèvres hardies osent ensuite se poser sur le contour d'un cou gracieux. Adeline sourit d'abord à ce badinage puis, voulant y mettre obstacle, d'une main blanche et potelée, couvre la bouche de l'amant en recommandant la sagesse; la sagesse, vertu impraticable près d'une femme jeune et jolie, une femme qu'on aime, et en tête-à-tête avec elle. Oh! il faut être Lucien, et, comme lui, joindre la timidité à la passion pour n'en être encore qu'à ces innocens préludes après un séjour d'un mois près de celle qu'il aime et désire de toute la force de son âme. Mais en ce moment l'amoureux jeune homme a compris toute la maladresse de sa conduite sans doute, car son bras vient d'entourer la taille svelte de la jeune femme qu'il presse avec force sur son sein, plus encore, dans son délire, sa bouche cherche la sienne et y dépose le premier mais plus délirant baiser, baiser qui, dans son âme, jette un trouble, une ivresse inexprimable.

— Lucien ! Lucien, que faites-vous; est-ce ainsi que vous devez abuser de ma confiance? voulez-vous donc que votre amie se défie de vous à l'avenir? Ah! laissez, laissez-moi et attendez de mon amour ce que je dois refuser à la violence.

Alors Adeline, sedégageant des bras de Lucien, fuit vers son alcôve où le sot amoureux n'ose la poursuivre, et honteux de sa téméraire conduite, lui demande de loin grâceet p itié.

— Oui, je vous pordonne Lucien, mais à l'avenir plus de sagesse, mon ami, si vous voulez que votre Adeline vous aime toujours. Bon soir, Lucien, il faut vous retirer, mon ami, car je tombe de sommeil et il me faut être matinale demain afin de mettre à l'œuvre mes ouvrières et livrer au jour dit la commande que ces dames m'ont faites aujourd'hui.

— Bonsoir, bonsoir, Adeline, vous ne voulez pas me permettre de baiser une seconde fois votre jolie main?

— Volontiers, mais à la condition que vous n'exigerez pas davantage.

— Je vous le promets.

Et Adeline lui présente sa main, puis il la baise à plusieurs reprises, puis il s'éloigne heureux et content ; content, oui, mais pour un instant ; car, à peine danss a chambre, Lucien réfléchit à tout ce qui vient de se passer entre lui et la femme qu'il aime et se rappelle les conseils de Jolivet, combien le moment était propice pour leur exécution. Lucien maudit sa maladresse, et fait serment, mais peut-être trop tard, qu'une autre fois il saura mieux profiter de la circonstance, puis s'endort avec peine après avoir formé mille projets d'amour et de triomphe.

Quant à Adeline, elle aussi, après le départ de Lucien, s'est livrée à ses réflexions, à mille pensées douloureuses inspirées par le souvenir d'Albert et son odieuse ingratitude envers elle.

— Hélas! ou est-il? pensait-elle, peut être près d'une autre femme? le perfide! moi qui l'aimais tant; moi qui, par amour pour lui, ai perdu fortune et grandeur. Oh! comme il m'a trahi, de quel horrible et funeste abandon il m'a rendu victime... s'il devait revenir à moi, si un jour je devais le revoir, aurais-je la force de le repousser, de l'accabler de mon mépris? Oh! oui, je le devrais, car cet homme m'a fait souffrir mille affronts et mille morts. Ensuite ce Lucien, si bon, si délicat, il ne survivrait pas à ma perte lui, car il est mon seul et véritable ami, celui qui m'a arraché à la plus affreuse misère, qui m'a tendu la main lorsque, privée de tout au monde, j'allais expirer de misère et de faim. Ah! que je voudrais ressentir pour lui une parcelle de cet amour que m'inspire cet Albert et que, malgré mes efforts, je ne puis arracher entièrement de mon cœur. Passion funeste! continue Adeline, qui me rend méprisable à mes propres yeux, qui enchaîne en moi la volonté de récompenser, par le don de ma personne, l'ami à qui je dois en ce moment un sort heureux et tranquille, l'ami qui souffre de mes rigueurs.

Le jour vint surprendre la jeune femme dans ces réflexions, et avant que le sommeil n'ait fermé sa paupière. Alors, s'échappant de son lit, Adeline s'habilla et descendit à son magasin, afin de s'y livrer au travail qu'exigeaient les commandes de ses nombreuses pratiques, et surtout le chapeau et le turban commandés par les dames de la veille, lesquelles coiffures étaient destinées à orner leur tête le jour de la signature du contrat de mariage de la plus jeune des deux: signature qui devait avoir lieu le surlendemain de la commande; aussi Adeline n'avait-elle pas un instant à perdre.

Quittons un moment le magasin de la modiste, et transportons-nous dans un riche salon d'une maison de la rue Saint-Lazare, dont la lueur des bougies fait briller la soie et l'or qui en couvrent les lambris. Là, une nombreuse société est réunie; là, un orchestre nombreux invite à la danse, des quadrilles se forment; puis, dans une autre pièce, des tables, des cartes et des jetons: là, on danse, on rit, on joue; la gaîté, le plaisir, sont partout.

— Monsieur de Mouvra, laissez ces cartes, votre future vous réclame pour la valse : et vous, monsieur Beauvoir, je vous retiens pour le premier quadrille, dit une grande femme laide et sèche, mais couverte de diamans, en s'adressant à Albert engagé dans une partie d'écarté avec le maître de la maison, grand homme au visage rembruni et au regard sournois.

— Merci, madame; veuillez m'excuser, mais je ne danse jamais. Monsieur de Mouvra, après avoir valsé avec ma fille, aura, j'espère, l'avantage de me remplacer près de vous en qualité de cavalier, n'est-ce pas mon gendre? ajoute le maître de la maison en s'adressant à Albert.

— Si madame daigne m'accepter, ce sera pour moi un devoir bien doux.

L'échange est accepté, et l'orchestre, préludant la valse, entraîne Albert au salon, où bientôt, enlaçant de son bras la taille de mademoiselle Beauvoir, ils vont tous deux se perdre dans la foule des valseurs.

— Qu'avez-vous donc, mon ami? pourquoi cet air inquiet, soucieux, qui peut donner à penser à tout ce monde qui nous entoure?

— Eh! madame, ne le savez-vous pas ce que j'ai? Moi-même je suis étonné de votre aplomb, de votre tranquillité. Oh! je suis loin de pouvoir me contenir ainsi, répond M. Beauvoir d'un ton brusque à la demande de son épouse.

— Éloignons-nous, mon ami; car ici on peut nous entendre. Venez dans ma chambre, j'ai à vous communiquer quelques nouvelles que François, notre domestique de confiance, vient de m'apporter.

Et l'époux, à ces mots, de suivre sa

femme jusque dans la chambre à coucher et de s'y enfermer tous deux.

— Eh bien ! ces nouvelles ? demande impatiemment M. Beauvoir.

— François arrive à l'instant de sa tournée ; il a vu notre créancier et obtenu en votre nom un délai de quarante-huit heures ; d'ici là la saisie sera suspendue. C'est à vous, mon cher, à presser le mariage de notre fille avec M. de Mouvra ; et surtout de vous entendre avec le notaire, pour que demain on n'exige pas que nous versions au contrat la prétendue dot promise par vous et moi. Cette difficulté une fois vaincue, le jeune homme devient notre gendre, et sa fortune nous tire d'embarras.

— Fort bien ! mais tout cela demande plus de quarante-huit heures, et notre enragé créancier ne nous fera pas grâce d'un quart-d'heure, s'écrie l'époux en proie à la plus vive agitation.

— J'espère cependant gagner encore quelques jours en lui assurant l'entier paiement de sa créance, aussitôt le mariage conclu. Comme je lui ai vanté la fortune de notre gendre, je pense qu'il ajoutera foi à mes promesses, et s'humanisera en notre faveur : le mariage fait, n'importe ce qui en arrivera, notre enfant n'en sera pas moins richement établie.

— Que le ciel vous entende! madame, mais je crains fort que tout cela ne tourne pas aussi bien que vous l'espérez, et que nous en soyons pour les frais immenses de luxe et de réception, qui nous épuisent depuis quatre mois, afin d'éblouir notre prétendu gendre.

— Du courage, mon ami; quittez cette

mine maussade, chassez toute inquiétude, et fiez-vous à mon adresse.

Un coup frappé sur la porte vint interrompre l'entretien des époux Beauvoir.

— Maman, c'est la marchande de modes qui nous apporte nos chapeaux, dit la future d'Albert en entrant et sautillant.

— Comment! à cette heure! Ce n'est pourtant pas en ce moment, au milieu d'un bal, qu'une fournisseuse doit venir interrompre ses pratiques.

— Maman, elle n'a pu venir plus tôt, à ce qu'elle m'a dit; quant à moi, je lui pardonne de me dérober un instant au plaisir, en faveur de la grâce et de la fraîcheur du chapeau qu'elle m'apporte.

— Allons, fais-la entrer, répond madame Beauvoir.

Et un instant après, Adeline se présentait munie de son carton.

— Excusez-moi, madame, de venir si tard ; mais, ayant une ouvrière indisposée, il m'a été impossible de terminer plus tôt votre commande.

L'excuse est acceptée, le carton ouvert, le turban trouvé du meilleur goût, et tandis que la mère admire sa coiffure dans la glace :

— Isabelle ! venez donc au salon, mon enfant ; votre futur, M. Albert de Mouvra, vous cherche pour le galop.

A ce nom, une main de fer vient poigner le cœur de la modiste, qui, se sentant défaillir, n'a que le temps, pour parer une chute, de s'appuyer sur le dossier d'un fauteuil.

— Ayez la complaisance, ma chère dame, de lui dire que le galop m'indispose, que je ne le ferai pas ; et amenez-le, je vous prie, pour qu'il admire le joli turban de maman.

A peine mademoiselle Isabelle Beauvoir terminait-elle ces mots qu'Albert parut dans la pièce. Alors un gémissement se fit entendre, et Adeline tomba sans connaissance sur le parquet. Saisi de frayeur et de surprise, chacun s'empresse autour d'Adeline, que l'on relève et place sur un siége; mais Albert l'a reconnue. Hors de lui, et redoutant la reprise des sens et les indiscrétions d'Adeline, il fuit inquiet et tremblant, et va se perdre dans la foule qui encombre le salon.

Adeline renaît; son regard cherche Albert parmi ceux qui l'entourent, et ne le rencontre pas. Parlera-t-elle? démasquera-t-elle l'infâme? Non; que lui importe cet homme, puisqu'il ne l'aime plus, et en épouse une autre ? Mais d'un mot elle pourrait empêcher une jeune fille de s'unir à un homme qui fera son malheur, et épargner des regrets à une honnête famille... Non; elle se taira, car cette jeune fille est sa rivale; c'est elle qui lui enlève son amant. Eh bien! qu'elle l'épouse, et souffre à son tour.

— Adeline, entièrement remise de son évanouissement, après avoir remercié les personnes qui l'ont secourue, s'éloigne et rejoint bientôt Lucien, qui, l'ayant accompagnée en venant, l'attendait dans la rue. Le jeune homme, en prenant le bras de la jeune femme, s'aperçoit de la pâleur qui couvre encore ses traits. Inquiet, il s'informe de la cause; mais Adeline, avouant son indisposition subite, l'attribue à l'extrême chaleur qui règne dans les salons qu'elle vient de parcourir. Lucien la plaint, soutient ses pas chancelans, et tous deux arrivent à leur demeure sans autre accident.

— Lucien, me trouves-tu digne maintenant de devenir ton épouse? demande le même soir Adeline au jeune homme.

— O ciel! pouvez-vous en douter, ma douce amie? répond-il avec enthousiasme et tout étourdi de cette question imprévue.

— Eh bien! mon Lucien, hâte donc le doux moment de notre union, car je me donne à toi et te confie mon bonheur.

Ivre de surprise et de joie, Lucien tombe aux genoux d'Adeline, couvre ses mains de baisers, puis son visage, sa bouche, la remercie cent fois de combler ses vœux les plus chers. Adeline l'écoute, sourit, se livre à ses caresses; lui, extravague, oublie encore cette fois les conseils de

Jolivet et, loin de profiter d'un si doux moment, d'une aussi tendre résignation que celle qui anime sa belle, le niais parle de mairie, d'église et de papiers.

O Ciel! qu'on est donc bête quand on est amoureux.

Maintenant laissons dormir Lucien du sommeil de l'innocence et retournons un instant au bal donné par M. et madame Beauvoir, soi-disant commerçans retirés, en l'honneur du prochain mariage de leur fille. On avait presque de suite oublié la marchande de modes et son indisposition dont le bruit s'était à peine répandu jusqu'au salon, chacun se livrait donc à la joie, hors Albert, que l'apparition inattendue d'Adeline avait médusé et rendu tout inquiet et tremblant. Les choses allaient donc au mieux, les heures rapides s'écoulaient sur les ailes du plaisir, un magnifique souper venait d'être servi dans une pièce voisine : déjà les hommes se disposaient à offrir la main aux dames afin de les conduire au superbe banquet, lorsqu'une soudaine rumeur se fait entendre dans l'anti-chambre et qu'une forte voix retentit avec l'accent de la fureur. Madame Beauvoir pâlit alors et manque de s'évanouir en voyant entrer dans la salle du festin, qui? un espèce de lourdeau mal bâti, en veste et casquette de loutre placée sur le coin de l'oreille, lequel avec l'accent des enfans de l'Auvergne, débute par injurier et montrer les poings au maître de la maison, qui s'est jeté pâle et tremblant à sa rencontre. Cet homme, malgré ses manières grossières et sa mise commune, n'en est pas moins un ancien chaudronnier retiré du commerce avec un tel superflu d'écus que, pour se débarasser de ce trop incommode, il n'a rien mieux trouvé à faire que de prêter à M. Beauvoir une somme de 50,000 fr. dont il vient, avec intention, malgré l'heure indue, réclamer le paiement en pleine société. En vain le malheureux débiteur s'efforce-t-il à calmer cet homme, à lui faire espérer un prochain et entier paiement, tout en essayant de le repousser vers la porte, le créancier n'en crie que plus haut en menaçant de faire écrouer le fripon qui donne des fêtes au lieu de payer ses dettes. M. Beauvoir qui, malgré son trouble a, aperçu Albert écoutant à travers l'ouverture de la porte du salon, et jugeant le mariage rompu, ne garde plus alors de ménagement et, dans sa fureur, saisissant l'impitoyable créancier au milieu du corps, cherche à le jeter à travers la montée. mais l'auvergnat, plus solide que son adversaire, le saisit à son tour, le terrasse, et s'élançant de nouveau dans la salle à manger, renverse l'immense table dressée pour le souper, et jonche le carreau de débris de porcelaine, cristaux et de toutes les friandises préparées pour le palais délicat des invités; puis, satisfait par cette ignoble vengeance, il s'éloigne en promettant avant peu de ses nouvelles. Le maître du logis est à moitié mort, son épouse évanouie, sa fille sauvée au fond des appartemens afin d'y cacher sa honte. Albert, pris pour dupe à son tour, frappe du pied et s'arrache les cheveux. Cet affreux contre-temps a fait fuir les plaisirs et les ris; au lieu de donner la main aux dames, comme les messieurs s'y préparaient avant l'événement, ils courent tous au vestiaire y prendre leurs manteaux; les femmes, de leur côté, volent à leurs cachemires, à leurs widchouras, avec l'inquiétude peinte sur le visage, tremblantes que, dans cet affreux bouleversement, le brutal créancier n'ait englobé leurs effets comme autant de gages de sa créance. Alors, la foule s'écoule petit à petit, les voitures arrivent à la file; on s'y entasse tout en regrettant le souper qui paraissait fort beau, tout cela en riant aux éclats et lançant mille sarcasmes sur la malheureuse famille. Albert, lui-même, a suivi le torrent; se promettant de revenir au plutôt demander à M. Beauvoir raison de sa mauvaise foi et du piège qu'il lui tendait en voulant le rendre l'époux d'une fille dont la dot n'était qu'une chimère, et ne consistait qu'en un minois assez passable et une extrême coquetterie; plus, d'exiger l'entière restitution des nombreux cadeaux faits à la jeune personne aussi bien qu'à la mère, depuis près de six mois que durait sa cour; présens magnifiques, offerts comme témoignage de sa haute fortune, et argent dérobé à la malheureuse Adeline.

V

C'est avoir du guignon.

Vous trouverez des danseuses qui chantent comme des rossignols et ne savent pas battre un entre-chat; des auteurs qui savent parler d'autre chose que de leurs ouvrages; des figurantes qui ont de la vertu; des acteurs modestes; des concierges de théâtres qui sont honnêtes; des femmes romantiques qui raccommodent les chaussettes de leurs maris; mais, ce que vous ne rencontrerez jamais, c'est un bureaucrate qui ne soit pas un sot et qui ait de la politesse: ce à quoi réfléchit en ce moment Lucien, appuyé sur la balustrade qui sépare à une distance respectueuse le public de l'employé de la mairie où notre jeune homme vient de se rendre pour y décliner ses nom et prénoms, ceux d'Adeline, sa future, et obtenir la publication des bancs de leur mariage. Il y a une heure, le moins, que Lucien attend en silence qu'il plaise à monsieur l'employé de terminer la taille de sa plume et le plan de six pieds carrés du jardin qu'il cultive à Belleville, lieu de son domicile et dont il fait une longue description à son voisin de face, sans daigner seulement prêter la moindre attention au public qui l'attend et le paie pour son utilité et non pour se pavaner dans le vieux fauteuil de peau où il est assis.

— De grâce, monsieur, je suis pressé et j'attends depuis long-temps.

— Un moment donc, vous me permettrez peut-être de tailler ma plume? si vous êtes pressé, revenez demain. Bernard, avez-vous terminé de mettre les adresses sur les billets d'invitation pour le bal de M. le maire?

— Pas encore, répond l'autre employé; comment voulez-vous, mon cher, qu'on termine un ouvrage lorsqu'on est dérangé à chaque instant par ce damné public?

— Oui, et qui ne veut pas attendre encore. A propos, Bernard, il faudra par un beau temps venir déjeûner chez moi; vous goûterez les excellentes fraises ananas que j'ai plantées dimanche dernier; oh! j'en aurai une masse.

— Volontier, j'aime beaucoup l'ananas, je le préfère à la fraise. Dites donc, élevez-vous des lapins? c'est si commode! lorsqu'arrive un ami on a toujours quelque chose sous la main à lui servir.

— C'est mon intention, d'autant plus que ma femme s'occupera de les nourrir... Voyons, monsieur, que désirez-vous?

— Faire publier les bancs d'un mariage, répond Lucien.

— Qui se marie?

— Moi, monsieur.

— Ah! votre âge, vos noms, vos...? avec cela il y a considérablement de serpolet du côté de Belleville, et rien ne donne aux lapins un meilleur goût... vous dites?

— Gabriel-Lucien Marson, âgé de 23 ans.

— Bon, Gabriel-Lu... Le serpolet leur donne absolument la chair de lapin de garenne... Lucien Marton?

— Marson, monsieur, et non Marton, répond Lucien avec humeur.

— Tiens! c'est ce cher Lucien! quelle heureuse rencontre, depuis un siècle que nous ne nous sommes vus! s'écrie Tonton qui en entrant dans le bureau a reconnu le jeune homme. Quel hasard, nous réunit ici tous deux?

— Mon prochain mariage avec Adeline.

— Bah! la petite s'est donc enfin humanisée en votre faveur? Eh bien! moi aussi, je me marie, mon cher, j'épouse cette petite folle de Psyché; mon Dieu oui, je m'y décide.

— Messieurs, on ne cause pas ici de ses affaires, et surtout à haute voix; vous nous interrompez dans nos fonctions municipales.

— Suffit, aimable bureaucrate, répond Tonton d'un ton leste en faisant une pirouette et un jeté battu.

— Monsieur, une mairie n'est pas une salle de danse, reprend le second employé en lançant un regard furieux au danseur.

— C'est possible, mais par état et par goût je danse en tous lieux.

— Terminons l'affaire qui nous amène ici, et nous causerons dehors plus à notre aise, dit Lucien à Tonton.

Une heure encore de séance dans l'ennuyeux bureau et les deux jeunes gens s'éloignent ensemble.

A peine dans la rue, Lucien, qui croit n'avoir jamais eu à se plaindre de Tonton, lui ouvre son cœur et lui raconte tout ce qui s'est passé entre lui et Adeline, depuis qu'il a eu le bonheur de la retrouver et de vivre près d'elle; parle du changement opéré dans la conduite de la jeune femme, de son assiduité au travail et de son consentement à récompenser enfin les services qu'il lui a rendu, par le don de sa main, prix le plus estimable à ses yeux.

— Enchanté de vous voir heureux et content, interrompt Tonton, avouez, mon cher, que Psyché vous a rendu un grand service en brouillant lord Betson avec votre belle, et, cela, rien que dans vos propres intérêts; afin de l'empêcher de devenir mylady et qu'elle ne soit à jamais perdue pour vous.

— Oh! je lui en aurai une reconnaissance éternelle; aussi, suis-je ravi d'apprendre que vous récompensez son amitié, sa fidélité envers vous, par un bon mariage.

— Sûrement, l'enfant serait incapable de se tirer d'affaire si je ne me décidais à la prendre entièrement sous ma dépendance et ma protection.

— Elle est jolie, dit Lucien.

— Et, de plus, aura un jour un véritable talent. Oh! nous ferons à nous deux un couple enchanteur et aérien, répond Tonton.

— Mon cher, il faut nous séparer, reprend Lucien arrivé, ainsi que son compagnon, au coin de la rue du Helder; je ne vous invite pas à venir nous voir en ce moment, car Adeline est loin de conserver pour vous et Psyché la même amitié que moi, et prétend que vous l'avez trahie d'une façon indigne en livrant son secret à lord Betson; laissez-moi donc appaiser sa rancune et la reconcilier avec vous.

— Hâtez-donc ce racommodement, mon cher, car je prétends que vous dansiez à ma noce et danser à la vôtre.

— Chose convenue et à la réalisation de laquelle je vais travailler sans relâche.

Et, prêts à se séparer, les deux causeurs aperçurent Jolivet qui, les ayant reconnus, traversait le boulevard et venait à eux.

— Bonjour aux amis, il y a deux siècles que je ne les ai vus ces chérubins, dit le jeune homme en leur présentant une main amicale.

— Bonjour, Jolivet, d'où viens-tu mon ami? demande Tonton.

— De signer un engagement pour Anvers, car, je quitte décidément le Conservatoire.

— Très bien! vos études sont terminées à ce qu'il paraît?

— Oh! terminées si l'on veut; mais, moi, je me trouve assez instruit comme cela et prétends me former à la scène cent fois plus vite que dans nos écoles et sous de pauvres professeurs. Mais vous autres que faites vous en ce moment? ajoute Jolivet.

— Une chosse essentiellement morale, mon cher, nous nous marions tous deux; oui, Lucien épouse enfin son Adeline tant aimée, et moi la petite Psyché, répond Tonton malgré les signes que lui fait Lucien afin de l'engager à retenir sa langue.

— En vérité! s'écrie Jolivet en riant avec force et d'un ton goguenard. Quoi! mes pauvres garçons, vous faites cette bêtise?

— Une bêtise! reprit Tonton en faisant une laide grimace.

— Eh oui! une bêtise, d'abord en vous mariant, en enchaînant votre douce liberté à des dames, fort jolies j'en conviens, mais d'une vertu équivoque et qui vous donneront toutes deux du fil à retordre.

— C'est ce que l'on verra, répond Tonton d'un air fier; mais, comme je n'ai d'observations à recevoir de qui que ce soit, continuez les vôtres, mon cher, à l'ami Lucien s'il lui plait de les entendre, quant à moi je suis bien votre serviteur.

Et cela dit d'un ton sec, Tonton s'éloigne aussitôt.

— A-t-on jamais vu pareil original prendre la mouche aussi lestement? au fait je ne suis pas fâché qu'il nous quitte car son absence va nous permettre, mon cher Lucien, de causer un instant ensemble sans témoin importun, et vous laisser libre de me raconter les circonstances qui ont amené la décision de votre mariage avec Adeline.

— Que voulez-vous apprendre, mon cher Jolivet? qu'Adeline ayant renoncé à son goût de luxe et du monde, consent à s'unir à moi.

— Voilà ma foi une sublime et prompte abnégation dont je félicite sincèrement votre belle future, tout en blâmant votre faiblesse et l'union que vous allez contracter.

—-Pourquoi ce blâme si dans elle je trouve le bonheur?

— Oui, si vous deviez y trouver le bonheur; mais j'en doute fort, mon cher Lucien.

—Jolivet, ce doute est une offense pour Adeline, dit Lucien devenant rouge et d'un ton impatient.

— Ho là! pas d'enfantillage, ne nous fâchons pas et causons de sang-froid, mon cher: car ce n'est que le vif interêt que vous m'inspirez et l'amitié que je ressens pour vous qui me fait en ce moment me mêler de vos affaires; aussi vous dirais-je, Lucien, que j'ajoute peu de confiance dans la conversion subite de votre maîtresse, de qui, sans que vous vous en doutiez, je connais l'aventure; cette femme, croyez-moi, est entièrement dépourvue de toutes les qualités nécessaires dans une épouse et une bonne ménagére, et Adeline qui vous accablait, il y a peu de temps, de son dédain, et de son indifférence vous épouse aujourd'hui par dépit d'amour.

— O ciel! quelle injustice! pouvez-vous penser ainsi, Jolivet? Ah! si vous saviez combien elle m'aime maintenant!

— Ou combien elle feint de vous aimer;

car une femme, mon cher, n'oublie pas aussi vîte l'homme pour lequel elle a sacrifié titre, fortune et réputation; aussi, vous dis-je qu'Adeline aime encore cet Albert qu'elle vous préféra; que la conduite de cet homme et son odieux abandon l'ont seul décidée à se donner à vous.

— Dites plutôt que la persévérance de mon amour, que quelques secours qu'elle obtint de moi dans un moment critique, ont enfin attendri son cœur.

— Admettons la chose, mon cher, mais, pour remplir entièrement la tâche d'amitié que je me suis imposée à votre égard, j'ajouterai, à mes observations, qu'il n'est ni noble ni sage, à vous, Lucien, d'accepter pour épouse une femme encore toute humide des baisers de deux amans...

— Jolivet! s'écrie Lucien avec indignation. Mais ce dernier sans tenir compte de cette interpellation, continue en ces termes :

— Une femme pour laquelle, votre passion réfroidie, il ne vous restera nulle estime; mais bien le regret d'avoir, jeune et plein d'espérance, uni votre sort et donné votre main à la courtisane salariée d'un Anglais, à la maîtresse délaissée d'un libertin.

— Assez ! assez, monsieur, votre zèle vous emporte trop loin et dégénère en offense ; Adeline a eu quelques torts, cela peut être ; et lorsqu'il me convient de les oublier, il n'appartient à qui que ce soit de les rappeler. Je pense, moi, que le plus sûr et le plus noble moyen de rendre une femme égarée à la société, est de lui tendre une main secourable, de la relever à ses propres yeux, de l'entourer de considération, et non l'abandonner et la plonger dans le vice, comme semblent l'indiquer vos impitoyables conseils.

Et, sans attendre d'autre réplique, Lucien s'éloigne en daignant à peine donner un salut à Jolivet qui, le voyant faire, lève les épaules en signe de pitié et continue son chemin en murmurant :

— Oh! les sots; rira bien qui rira le dernier.

Quinze jours se sont écoulés et cet instant tant désiré de l'impatient Lucien est enfin arrivé; il va donc devenir l'époux d'une des plus jolies femmes de Paris; aussi, qu'il est heureux! quel jour fortuné pour son cœur! que son Adeline est doublement belle de grâce et de parure! quel dommage seulement que l'émotion, qu'inspire ordinairement un acte aussi important que celuiqui va s'accomplir, la rende triste et soucieuse.

L'oncle Duplan a voulu que rien ne manquât au mariage de sa nièce; et c'est au *Cadran-Bleu*, boulevart du Temple, que lui-même est allé commander le repas et le bal.

Les amis de la famille, divers chefs et employés du Mont-de-Piété, tels sont les conviés à la noce qui promettrait d'être fort gaie s'il n'y manquait un de ses plus beaux ornemens, Adrienne enfin: la jeune fille, le cœur broyé sous le fardeau de ses douleurs, désespérée de l'accomplissement d'une union qui brise à jamais son amour et ses espérances, a refusé d'en être témoin; alléguant envers la famille une forte indisposition, afin de légitimer ce refus, et donner raison à ses larmes et à ses soupirs. Adrienne a enfin obtenu, à grand'peine, le droit de rester au logis et d'y cacher sa douleur profonde. Aussi est-ce avec le regret le plus amer et remplie d'inquiétudes, que madame Duplan s'est éloignée de sa nièce chérie, après l'avoir vivement recommandée aux soins de sa grosse servante, et annoncé ses fréquentes visites, dans le courant de cette journée.

Tonton et Psyché, dont le mariage ne doit avoir lieu que la semaine d'ensuite, ont tant fait tous deux qu'enfin Adeline, oubliant leur conduite passée, a consenti à les revoir et à les admettre à sa noce; aussi Tonton, paré, frisé, musqué, le sourire sur les lèvres, s'est-il fait maître des cérémonies, et pour ses entrées en fonctions a-t-il créé Psyché! quoi? demoiselle d'honneur!

Voici la mairie avec ses lenteurs : un maire qui, comme tous ses collègues, prononce avec insouciance, et sans même honorer la société d'un regard, l'union des époux; après que son employé a barbouillé d'une manière inintelligible les articles de la loi concernant le mariage : ce qui fait que personne n'y comprend jamais rien, et que les maris et les femmes sont si souvent en contravention contre les ordonnances prescrites en pareil cas. Puis l'église avec ses autels, son luxe tarifié, l'église où en entrant on vous tend la main, l'autel où l'on vous tend la main, la sacristie où l'on vous tend la main, la sortie où bédauts, suisse, enfans de chœur, donneurs d'eau bénite vous tendent la main; puis le portail où de sales et hideux mendians vous pressent, vous étouffent en vous tendant la main; puis enfin l'arrivée de la longue file de voitures à la porte du restaurateur, où la société entière se réfugie dans un salon de cent couverts, dans lequel, en se pressant un peu, cinquante personnes peuvent se tenir à table fort à leur aise.

En attendant l'heure du repas, Lucien, selon l'usage du plus beau jour de la vie, passe son temps, en qualité de marié, à courir chercher en voiture une partie des dames de la noce, et revient enfin se mettre à table fort tard, exténué de fatigue et manquant d'appétit.

Le repas s'achève; il a été plus bruyant que gai; la mariée a daigné sourire du bout des lèvres aux couplets chantés en son honneur; Lucien a dévoré sa femme des yeux; monsieur Duplan n'a cessé d'entretenir ses voisins du talent que promettait d'avoir sa nièce, si, au lieu de se marier, elle avait persévéré d'étudier pour le théâtre. Madame Duplan, poursuivie par le souvenir d'Adrienne à qui elle a rendu déjà quatre visites sans avoir trouvé du mieux dans l'indisposition de la jeune fille, madame Duplan donc, est triste et inquiète; de plus se dispose à abandonner la fête pour courir de nouveau chez elle consacrer tous ses soins et son temps à la prétendue malade. Tonton a bu et mangé comme quatre, un peu gris et d'une extrême gaieté; il a fait la conquête de la société tout entière. Psyché, placée entre un sous-directeur et un caissier de l'administration à neuf du cent, n'a cessé de leur faire des agaceries et de les autoriser, par ses manières, à lui pincer les genoux par-dessous la table. Le bal commence, les quadrilles sont formés, on danse. Madame Duplan, retenue de force jusqu'à ce moment, se dispose à partir, et accepte, non sans beaucoup de difficultés, l'offre que lui fait le marié de l'accompagner jusque chez elle, où lui-même désire s'informer de la santé d'Adrienne dont il regrette sincèrement l'absence parmi eux. Ils partent après les adieux assez tendres d'Adeline à sa tante qui s'excuse près d'elle de ne pouvoir la conduire elle-même à la couche nuptiale.

Adeline vient d'accompagner madame Duplan et Lucien jusqu'au pied de l'escalier, et remonte en hâte afin de se rendre aux nombreuses invitations de danse dont elle est l'objet. Une porte située au milieu de l'escalier s'ouvre brusquement, un homme en sort, et d'un bras nerveux saisit Adeline au passage et l'entraîne dans une chambre dont la porte se referme sur eux. La jeune mariée n'a pu pousser un cri, tant l'effroi, la surprise ont glacé ses sens en reconnaissant Albert dans cet homme.

— Vous ici, monsieur ; qu'exigez-vous ? que me voulez-vous ?...

— Me tuer à tes yeux, Adeline, si tu ne daignes m'entendre.

En disant, Albert dirigeait sur son cœur le canon d'un pistolet.

— Parlez, parlez vîte, monsieur, car vous me faites mourir de frayeur.

— Écoute! écoute! Enfermé dans la prison pour dettes depuis le jour qui suivit cette nuit de bal où tu me rencontras chez monsieur Beauvoir. Ce n'est que depuis hier, que j'ai pu, libre, me mettre à ta recherche, et seulement aujourd'hui, qu'il m'a été possible de te découvrir et d'arriver, hélas! trop tard, pour t'empêcher de conclure un odieux et ridicule mariage.....

— Dont la conclusion me défend d'écouter plus long-temps un perfide tel que vous, interrompt Adeline en essayant de dégager sa main qu'Albert comprime dans la sienne.

— Oh! écoute encore, ou attends-toi à me voir expirer sous tes yeux. Oui, il faut que tu entendes mes excuses, que tu juges de ma douleur et de mes regrets de t'avoir offensée, il faut que tu me montres encore de cet amour que tu ressentais pour moi et qui ne peut être entièrement éteint dans ton âme; enfin! il faut plus encore, que tu renonces au joug insupportable et monotone que te prépare ta sotte union, abandonner un homme que tu ne peux aimer, et consentant à accepter de moi une vie pleine de bonheur, de volupté et de délices, que tu me suives à l'instant même.

— Me jugez vous capable d'une pareille folie? et de me fier encore à un être qui abusa de ma crédulité et de ma confiance? non, Albert, ne l'espérez pas; éloignez-vous donc et laissez moi récompenser par ma possession et ma fidélité, celui dont l'amour pour moi ne se démentit jamais, celui qui me tendit une main secourable lorsque vous me laissâtes en proie au désespoir et à la misère.

— Adeline, je suis à tes pieds, humillié et repentant; vois ma douleur, femme adorée et, te laissant vaincre par mes prières, arrache un malheureux à sa perte; conserve-lui, par ton pardon, une vie que lui dispute le désespoir et qu'il ne peut plus supporter sans toi. Oh! pardonne, ma bien aimée, et toutes mes actions, mes pensées seront consacrées à ton bonheur, à embellir ton existence. Adeline, entends ma voix suppliante, car je reviens à toi pour t'arracher à une position indigne de tes grâces, de ton esprit et de ta beauté; pour t'arracher à l'humiliante condition que tu as embrassée, lorsque tu es faite pour commander au monde. Viens, viens ma bien aimée et je te ferai le sort le plus brillant et le plus digne d'envie; viens, échappe à une ignoble servitude, à une existence mercantile pour faire l'ornement des fêtes qui, pour toi, se succéderont chaque jour.

En parlant ainsi, d'une voix douce et pleine d'émotion, Albert avait attiré Adeline sur ses genoux, l'enlaçait de ses bras, la pressait sur sa poitrine. Elle, faible et sans mouvement, écoutait, pleurait, et sans résistance laissait un audacieux couvrir ses lèvres de brûlantes caresses, puis, enfin, rappelant sa raison, elle cherche à s'échapper; mais, retenue avec efforts, mille propos séducteurs bourdonnent de nouveau à ses oreilles qui déjà ne comprennent plus; et, restée long temps muette, ses yeux distinguent encore l'arme fatale se diriger vers l'endroit du cœur de son infidèle amant; alors elle pousse un cri, ses yeux se ferment et sa tête tombe mourante sur l'épaule d'Albert.

Une minute après, une voiture l'entraînait au loin et dans les bras de son ravisseur.

—La mariée! la mariée! mais où est-elle? où est-elle, s'écriait-on de toutes parts.

Et l'on parcourait la maison du haut en bas; et Lucien inquiet, désespéré, l'appelait à grands cris.

— Serait-elle partie chez elle? on y court, personne; chez son oncle, elle n'y a pas paru. Mais où donc est-elle?

— Enlevée sans doute, fait maladroitement entendre Tonton.

— Enlevée ! répète douloureusement Lucien.

Deux heures plus tard une foule de conviés entourait l'infortuné marié étendu sans connaissance et lui prodiguait les secours les plus grands.

VI

Après deux ans.

Lucien à Adrienne.

« Quel transport céleste! quel ravissement circule dans mon être ô mon Adrienne! oui, toi seule me fais connaître le véritable amour; oui, tu es la bien-aimée de mon cœur, mon univers, ma vie, quoi! j'étais aimé de toi depuis long-temps et je l'ignorais! et ce n'est qu'hier que ta bouche divine osa, en balbutiant de crainte, me faire ce tendre aveu. Oh! tu dois apprécier ma joie, mon ivresse, le délire ravissant où mon âme est plongée depuis cet heureux instant; oh! que je voudrais te faire bien comprendre toute la félicité de mon âme! Mais le puis-je? lorsqu'en te traçant cette lettre, ma main tressaille encore; quand je ne puis assurer une ligne; quand mes yeux, tout mon être errent dans un vague délicieux! hélas! comment calmer mes sens? le croirais-tu, mon Adrienne chérie, eh bien! je pense rêver encore; qui? moi, j'ai tenu, j'ai pressé un instant sur mon cœur, la plus belle, la plus intéressante des femmes, j'ai respiré sur ses lèvres divines, j'ai aspiré son âme céleste!.. oui, j'ai goûté ce bonheur, car je sens encore le souffle délicieux qui s'échappait de ta bouche; ce souffle qui caressait mon visage, il court avec rapidité dans mes veines, il m'oppresse sous le poids du délire... grand Dieu ! quelle est donc ta félicité ! si telle est celle de ta créature?...

« Oh! mon amie! quel changement inespéré dans mon sort! moi qui, trompé, abandonné il y a deux ans, par la plus perfide, la plus ingrate des femmes, menais une existence d'ennui, de douleur et de chagrin; moi qui, depuis ce funeste abandon, n'avais cessé de rouler dans ma tête mille projets sinistres. Mais aujourd'hui, aimé de celle dont en secret j'admirais depuis un an les vertus et les grâces, celle que j'avais alors aimée sans oser le lui dire, ah! que je suis digne d'envie, que la vie m'est précieuse et chère. Écoute mes paroles sans crainte, sans remords, oh! ma belle amie, car si ta chasteté, ta vertu ont forcé mon cœur à les adoucir, mon cœur se gardera bien de souiller ses divinités, d'empoisonner ton âme par les remords de l'adultère; oui, Lucien en te respectant, respectera aussi dans toi son bienfaiteur, son ami, l'époux de son Adrienne; et, cependant, cette tâche, ce devoir, sont un grand sacrifice, mais Lucien l'accomplira, car il a maudit lui-même la femme adultère qui désola son cœur, qui trompa sa confiance; il a ressenti tout ce qu'éprouvait de honte et de tourment l'homme trompé par l'épouse qu'il aime; il ne voudra donc pas, par de semblables douleurs, éteindre le bonheur et la vie dans l'âme du plus noble et du plus généreux vieillard, dans celle enfin de l'époux qu'Adrienne accepta pour le sien, lorsqu'une odieuse union m'eût ravi à son amour secret et à mes espérances

Aimons-nous donc, mon Adrienne, mais en silence et de cet amour pur, respectueux qui anime deux êtres vertueux durant l'attente du nœud fortuné qui doit un jour combler la félicité la plus chère. Oui, aimons-nous ainsi, parce que tu es l'épouse de mon bienfaiteur, parce que tu es indigne de trahir tes sermens et la foi jurée, parce que tu es un ange et ne peut faillir, enfin! parce que j'ai horreur du vice, de l'ingratitude; que l'adultère m'a causé tant de maux et de souffrances, que je préférerais plonger le poignard dans le sein d'un homme que de souiller sa couche de ce déshonneur et de cette infamie! »

Tel était le contenu de la lettre qu'Adrienne lisait un soir en secret et renfermée dans son boudoir, sur la toilette duquel la jeune femme venait de la trouver, la dévorer des yeux, la mouiller de larmes et la couvrir de baisers, fut pour elle l'affaire de quelques instans; puis, après avoir donné cours à ses douces rêveries, elle saisit la plume et traça ces lignes adressées à Lucien.

« C'est en mourant de confusion que je me reconnais, après ce qui s'est passé hier soir entre nous, pour la plus faible et la plus coupable des femmes, oui : bien coupable, mon Lucien! car loin de détester la faute que j'allais commettre en t'annonçant le tendre sentiment que je ressentis pour toi, je chéris mon crime; et, malgré moi, je m'abandonne à toute la violence d'un amour qui ne s'éteindra qu'avec ma vie, d'un amour qui circule avec mon sang, s'identifie avec ma pensée, s'exhale avec mes paroles, et cela en dépit de ma raison, de mes regrets et des larmes qu'il me coûte. Mais hélas! pouvais-je retenir moi-même cet aveu lorsque ta bouche timide m'exprimait en tremblant un sentiment délicat et tendre? confiante, paisible, les yeux fixés sur elle je jouissais de l'entendre et j'eusse passé ma vie à lui faire me répéter, je t'aime. Et moi aussi je t'aime et de toute la force de mon âme, mais, au nom du ciel! Lucien, n'abuse pas d'un tel aveu. Ah! par pitié, tiens bien tes sermens, ne t'écarte jamais des principes d'honneur que renferme ta lettre, sois toujours toi-même et aussi noble que je me l'imagine; songe, mon ami; que j'ai juré d'être et mourir l'épouse fidèle de lord Betson; que s'il en était autrement ce serait la mort pour moi, pour moi qui ne me livres à ton amour chaste et pur qu'autant que je crois trouver en lui un moyen de conciliation entre l'honneur et un sentiment de prédilection. Or donc! mon Lucien, de ta part point de désirs coupables, de pensées qui tendraient à déshonorer ton amie, à la rendre méprisable à ses propres yeux; et je jure d'être liée à toi par tout ce que la passion la plus forte peut permettre de sacrifices, et de relations innocentes. Cette pensée apaise mes scrupules et me rend mon époux plus cher en l'établissant garant de notre innocente passion. Ce bon Betson! tantôt il reposait sur son lit de douleur; frappée de son air de bonté, de sa figure noble et respectable, je me suis penchée vers lui avec attendrissement et ce mot (mon père) m'est échappé involontairement! il a fait un mouvement car il est des mots qui font tressaillir jusque dans la tombe! il a cru rêver sans doute! ah! faisons en sorte, Lucien, que son repos ne soit pas un songe... »

Un léger coup frappé sur la porte interrompit Adrienne, qui, toute tremblante, cacha soigneusement la lettre qu'elle écrivait en ce moment.

— Mylord est éveillé et demande si mylady Betson peut passer un instant près de lui.

— Je vous suis, répond Adrienne et le valet s'éloigna.

Quelques minutes à la jeune femme pour calmer son agitation, fermer sa lettre et la glisser dans son sein, puis elle se rend aux désirs de son époux.

— Eh bien! mon ami, comment vous sentez-vous ce soir? dit Adrienne au lord en s'approchant de son lit et lui prenant la main qu'elle presse avec intérêt.

— Beaucoup mieux, ma chère, vous étiez sans doute occupée et moi avoir interrompu vous?

—Non, mylord, j'étais passée chez moi

pour un instant et comptais revenir aussitôt veiller à votre chevet.

— Oh ! vous êtes bien bonne, mon amie, et bien malheurèuse de avoir sacrifié votre jeunesse à un homme toujours souffrant et malade.

— Dites que je suis heureuse qu'il m'ait choisie pour sa compagne, pour veiller à ses besoins, car ce devoir est doux à mon cœur.

— No, no, mylady, vous ne pas être heureuse ; vous, condamnée depuis près de deux années à entendre les gémissemens d'un pauvre malade, à priver vous des plaisirs, de tous les agrémens de votre âge. Oh ! moi vous bénir, mon Adrienne, vous chérir beaucoup fort et donner à vous toute le bien à moi.

— Chut! ne parlons pas intérêt, mylord,

vous savez que là-dessus, je suis fort peu sensible.

— Oh yes! moi bientôt mourir et quitter vous pour jamais; et vous, mylady, héritière de mon fortune entière.

— De grâce, mon ami, laissez de côté cette lugubre prévision qui ne peut être que nuisible à votre position, pensez plutôt à vous guérir bien vîte, monsieur, à rendre contente et heureuse votre femme.

— Yes, bien heureuse! soupire le lord en fixant sur Adrienne un regard faible et souffrant, où malgré cela se peignent l'intérêt et la reconnaissance.

— Dites-moi; mon ami, vous sentez-vous assez de force, ce soir, pour écouter la suite de ce poëme de Byron que vous aimez tant à entendre lire?

— No, ma chère mylady, moi se occuper ce soir de choses plus pressées, de envoyer chercher le notaire à moi.

— Votre notaire, mylord, et pourquoi s'il vous plait? êtes-vous donc en état de vous occuper d'affaires sérieuses?

— Yes, moi vouloir absolument mettre de l'ordre dans les affaires et assurer le sort de mon épouse, de l'ange qui depuis long-temps veille sur les douleurs à moi avec la plus tendre sollicitude.

— Eh! monsieur, ne vous occupez que des anges du ciel car ceux de la terre ne font faire que des folies : témoin celui dont vous vous occupez en ce moment; ainsi donc laissez là votre notaire et parlons de choses plus gaies : si toutefois il ne vous convient pas d'entendre ma lecture.

— Vous êtes beaucoup fort inconséquente, mylady, de empêcher moi de régler mes affaires, de assurer mon fortune à vous ; lord Betson avoir dans le Angleterre une nombreuse famille qui attend la mort de lui pour se emparer de son bien et en dépouiller sa veuve ; moi vouloir empêcher ce injustice ; moi peut-être mourir bientôt et pas mourir tranquille si moi ne pas avoir fait le bonheur de mon épouse chérie.

— Eh mylord ! qu'ai-je à faire de tant de richesses, pourquoi prétendre en dépouiller votre famille en faveur d'une pauvre fille telle que moi, si peu habituée au luxe, aux plaisirs? croyez moi, mon ami, en me donnant à vous, l'intérêt ne guida pas mon cœur ; laissez donc, à ceux qui l'attendent, cette fortune que j'envie si peu, mais dont je serais heureuse de vous voir user longtemps encore.

—Godam! mylady, vous être une grosse dupe de refuser la fortune ! s'écrie Betson en colère et essayant à se placer seul sur le séant.

— Voulez-vous donc, mylord, que votre famille m'accuse d'égoïsme; me méprise et m'accuse de ne vous avoir donné ma main qu'en échange de vos richesses ; non, mon ami, il n'en sera pas ainsi, car j'aurais trop à rougir.

— Les parens de lord Betson être beaucoup fortunés.

— Moins quelques-uns, m'avez-vous dit, mylord, qui sacrifièrent tous leurs biens à soutenir la cause de l'indépendance; ceux-là, j'en suis certaine, me sauront gré de mon désintéressement.

— Vous être folle, mon amie, et le secrétaire à moi entendra beaucoup mieux mes intentions et vos intérêts.

— Monsieur Lucien, votre très honoré secrétaire, pense absolument comme moi, mylord; ainsi donc, n'espérez rien d'injuste de sa complaisance.

— God! god! les gens honnêtes être beaucoup fort entêtés! fait l'Anglais à voix basse.

— Assez, assez sur ce chapitre, mylord! qui, par votre faute, s'est prolongé beaucoup trop loin.

En ce moment la porte de la chambre fut ouverte doucement, et Lucien, en entrant, salua le lord et son épouse.

— Comment ce soir se porte votre grâce?

— Mieux, beaucoup mieux, mon jeune ami, répond Betson en présentant sa main à Lucien.

— Je viens, mylord, d'exécuter vos ordres, et...

— Assez, silence, mon cher; vous et moi parler de cela dans un autre moment.

Prenez un siége et asseyez-vous près de nous.

Lucien obéit, et se place près du lit, près d'Adrienne que sa présence rend timide et tremblante.

— Si mylord daignait m'entendre, je prendrais, en cet instant, la liberté de l'entretenir, en peu de mots, d'une affaire particulière à moi.

— Yes, vous parler, mon ami.

— Il y a deux ans, mylord, que, trompé, abandonné par la femme à qui j'avais donné le nom d'épouse, je restais sans ressource aucune...

— Yes, la honnête miss Adeline, et son amant, ayant volé vous complètement; oh ! je sais, je sais, interrompit l'Anglais.

Oui, mylord, instruit de mes malheurs, de mon embarras, vous vîntes généreusement à mon secours; et, sans me connaître à peine, vous daignâtes m'attacher à votre personne en qualité de secrétaire, et me prêter une forte somme afin de me mettre à même d'acquitter aussitôt, et sans nul sacrifice, les dettes nombreuses dont, en fuyant, une indigne épouse m'avait rendue responsable.

— Yes, yes, mais moi ne plus vouloir que vous me parle désormais de ce argent.

— Au contraire, mylord, l'honneur me fait un devoir de vous remercier de ce bienfait, et de m'acquitter envers vous. Depuis deux ans, logé dans votre hôtel, admis à votre table, il m'a donc été facile, en joignant à mon revenu les appointemens que vous daignez allouer à mes faibles services, de réaliser la somme dont je suis votre débiteur, et que je viens, mylord, remettre en vos mains.

— God! vous se être privé de tout durant ce long laps de temps pour économiser ce misérable somme? exclame l'Anglais avec surprise en fixant Lucien.

— Oui, mylord, la reconnaissance, l'honneur m'imposaient cette privation.

— Cela être un grande folie aussi, car lord Betson avoir depuis long-temps oublié ce petite avance.

— Je le pensais, mylord, mais moi, je ne devais pas l'avoir oublié.

— Yes, ce être juste, répond le lord, en prenant des mains de Lucien quelques billets de banque qu'il lui présentait; puis, après les avoir tournés et regardés en silence, il fit un geste comme pour les ren dre au jeune homme; mais, se ravisant, il les rejeta avec insouciance sur la table placée près de son lit. En cet instant arriva le médecin du lord; le résultat de sa visite fut que l'homme de l'art trouva le malade dans un état assez satisfaisant ; mais il recommanda un grand repos, peu d'émotions, et surtout les soins les plus attentifs. Une heure après, Betson désirant essayer un peu de sommeil, et que sa jeune épouse en profitât pour aller chez elle se délasser aussi des longues veilles passées près de son lit, il l'invita, ainsi que Lucien, à le laisser seul un instant, en promettant de les faire appeler si leurs secours lui devenaient nécessaires.

La jeune myladi et le secrétaire se rendirent donc, non sans peine, au désir du lord; et après l'avoir confié aux soins d'un valet de confiance, ils se retirèrent, Adrienne dans ses appartemens, et Lucien dans celui qu'il occupait depuis près de dix-huit mois dans l'hôtel, et qui se trouvait être situé dans un petit escalier servant de dégagement aux grands appartemens. Une demi-heure s'était à peine écoulée en douces rêveries pour l'épouse du lord, lorsqu'un léger grattement se fit entendre sur une petite porte dérobée donnant dans la pièce où se trouvait en ce moment Adrienne. A ce signal convenu, la jeune myladi ne put retenir un léger tressaillement; puis tremblante, et, après un instant passé dans l'indécision elle quitta le siége qu'elle occupait, s'approcha de la porte dérobée, et d'une voix faible: — Non, Lucien, dit-elle, plus d'entrevue secrète, plus de tête-à-tête; car, mon ami! pour éviter le péché, il faut fuir autant que possible l'occasion d'y succomber.

— Adrienne, seulement un mot, un sourire de ta bouche gracieuse, et je m'éloigne aussitôt.

— Oui, Lucien, oui, je vous en dirai cent; je vous sourirai avec joie et bonheur;

mais, ce soir, et en présence de mon époux, en attendant, prenez cette lettre, c'est la réponse à celle que j'ai trouvée ce matin sur ma toilette. Adieu, mon Lucien, faites comme moi, qui, pour me consoler de votre absence, vais relire avec ivresse les lignes chéries que vous m'avez adressées. Lucien s'empare donc de la lettre que la jeune femme vient de lui glisser à travers une des fentes de la porte; mais, non content encore de posséder cette douce missive, l'ambitieux persiste à vouloir se faire admettre dans le charmant sanctuaire de sa divinité, promettant un respect sans égal; de se conduire, enfin, selon les sages principes que renferme sa lettre; mais c'est en vain qu'il supplie; car Adrienne, prenant la prudence pour conseil, a fui de l'autre côté de la chambre après avoir laissé tomber le rideau sur la porte, afin d'intercepter entièrement la voix de son dangereux tentateur, et l'empêcher de venir tinter à ses oreilles.

VII

Un ménage comme il y en a tant.

Une délicieuse petite maison avec jardin située rue des Martyrs ; un cheval pur sang, un cabriolet, un domestique, une femme de chambre, une cuisinière, et pour soutenir tout cela, à peu près vingt-cinq mille livres de rente. Telle est la position de M. et madame Tonton dans le moment présent, et ce qu'ils ont acquis dans le court espace de deux années que nous les avons perdus de vue. Pour acquérir une semblable fortune, en si peu de temps, il n'y a vraiment rien de tel que les arts, et pourtant le bruit courait que ni le talent de l'homme, ni celui de la femme n'avait contribué à cette riche aisance; et la chose était croyable, en ce que M. Tonton, devenant de jour en jour d'une obésité effrayante qui l'empêchait de s'élever, en dansant, à plus de six pouces de terre, avait reçu, depuis un an, un congé définitif de l'emploi qu'il occupait à l'Académie-Royale-de-Musique: les directeurs de cette administration ayant prétendu ne pouvoir conserver un sujet à qui l'énorme circonférence interdisait tout autre rôle que celui de Sancho Pança, dans les noces de Gamache: ballet oublié et passé de mode. Quant à madame Tonton, née Psyché Bidois, sa gentillesse, sa grâce lui avaient valu un second engagement et un surcroît d'appointemens.

Or donc, le mari ne gagnant plus rien, la femme ne gagnant que six mille francs par an, et le ménage, en absorbant quinze mille chaque année, ce n'était certainement pas à leur talent artistique, que le couple était redevable de sa nouvelle fortune.

Mais à quoi donc? c'est encore un mystère que nous découvrirons sans doute en renouvelant connaissance avec les deux amans devenus époux, et, en portant un regard scrutateur, une oreille attentive dans l'intérieur de leur ménage.

C'est dans un charmant et coquet boudoir, et devant la glace d'un riche écran, que Psyché, vêtue avec grâce et légèreté, essaye un pas qu'elle doit danser le même soir dans un ballet nouveau. Dans la même pièce, sur une dormeuse de satin rose, un jeune dandy, paré, frisé, musqué, étale sans façon sa molle nonchalance; fixés sur la danseuse, ses yeux brillent d'un regard amoureux, et de ses lèvres s'échappent maints bravos.

— Eh bien! monsieur le comte, comment trouvez-vous ce pas?

— Adorable comme votre divine personne, belle Psyché, et j'ose vous assurer ce soir un succès à faire crouler la salle de l'Opéra.

— Flatteur! fait la jeune femme en souriant et donnant un léger coup de sa main sur la joue de l'amoureux dandy, dont elle incendie le cœur par des œillades assassines.

— Pouvez-vous en douter, lorsqu'ainsi que vous on unit la grâce, la beauté au talent? Tenez, regardez encore dans votre glace, cette taille divine, ce corsage si bien fait pour inspirer l'amour et la volupté; ensuite, ce pied si mignon, dont la forme parfaite fait deviner mille charmes secrets.

En parlant ainsi, le jeune homme, qui s'était levé et placé devant l'écran, entourait de son bras la taille de Psyché; puis s'était emparé de sa main sur laquelle ses lèvres déposaient une foule de brûlans baisers, et cela, sans irriter la jeune femme, sans s'attirer autre chose qu'un regard malin, un sourire gracieux de sa part.

— Allons, soyez sage, mon cher comte; vraiment, à voir votre transport, on vous prendrait pour le plus passionné de mes adorateurs.

—Et l'on penserait vrai, ma toute belle; car jamais femme ne m'a inspiré plus de désirs, plus d'amour que votre gracieuse personne !

— Dites-vous vrai? oh non ! déclaration ordinaire, style stéréotipé des jeunes gens à la mode ; bien folle qui s'y fie.

— Quoi, cruelle ! vous douteriez de la sincérité de ma passion ; moi, qui depuis un mois vous suit en tous lieux ; moi, qui ne vit et ne respire que près de vous. Oh non ! vous ne pouvez la méconnaître, en douter un seul instant; où alors quelle preuve faudrait-il donc pour vous convaincre?

— Hum ! je ne sais, je suis si incrédule envers un langage que chaque soir vingt bouches font bourdonner à mes oreilles.

— Il ne peuvent vous aimer sincèrement ces gens-là, leur cœur serait, j'en suis certain, incapable d'aucun sacrifice généreux; tandis que moi, belle Psyché, dites-un mot, et à vos pieds je dépose titres et fortune; dites-un mot, et je suis votre esclave soumis.

Voilà ce qui s'appelle une noble abnégation, bien séduisante en vérité. Mais, à parler avec franchise, je vous dirai, mon cher comte, que mon cœur ne me dicte encore rien en faveur de votre amour; mais, comme je ne puis répondre de l'avenir, je consens toujours à vous recevoir, souvent même; c'est donc à vous à continuer près de moi cette longue suite de prévenances et de galanteries qui déjà vous ont mérité mon attention, afin que je sache comment je dois un jour traiter votre passion. Surtout de la prudence dans votre conduite, dans vos assiduités! car, vous n'ignorez pas combien est grande la susceptibilité de mon cher mari? ensuite, je serais désolée de lui causer le moindre chagrin; il m'aime tant!

— L'heureux mortel! être aimé d'une si jolie femme!

— Oh! je conçois que dans mon état il est du plus commun, ridicule même, d'aimer un mari; mais que voulez-vous, monsieur le comte, c'est plus fort que moi; le mien a quelque chose d'irrésistible, un tact pour s'attacher une femme, pour l'entourer de mille petits soins, de mille prévenances, pour aller au-devant de ses caprices et de ses goûts; enfin, jugez, hier un ami vint nous annoncer la vente d'une maison de campagne, dont je raffole. Eh bien! ce matin, sans m'en rien dire, Tonton est parti la visiter, voir le vendeur et traiter, j'en suis sûre, de l'acquisition de cette propriété.

— Le seul regret que j'éprouve est d'avoir ignoré votre passion pour les champs, déjà je vous aurais priée de vouloir bien accepter, comme un gage de mon amour, une petite propriété des plus champêtres, située à Surène, sur le bord de la Seine, dont je fis emplette, il y a trois ans, afin de satisfaire un caprice de la comtesse.

— Et cette maison a cessé de plaire à votre épouse, monsieur le comte?

— Oui, dès le lendemain; alors je lui achetai la terre et le château de Beaufremont, à trente-deux lieues de Paris, où elle vit retirée et heureuse depuis deux ans.

— Franchement, votre petite maison m'eût convenue à ravir d'après sa position; car j'adore le voisinage des rivières, et si mon mari ne termine pas avec celle en question, peut-être alors m'accommoderai-je de la vôtre, non comme vous l'entendez, cher comte, mais bien en échange du prix que vous imposerez.

— Alors, je vous préviens, charmante sylphide, que je suis exigeant, très exigeant!

— Mon Dieu! mais alors je vous préviens qu'il me faudra renoncer à traiter ensemble.

— J'espère le contraire.

— Je ne vous comprends pas, monsieur le comte, voyons quelles sont vos exigeances, à quel prix s'élèvent-elles ?

— A celui d'un doux baiser sur ces lèvres de roses; et, en disant, le comte s'étant emparé de la tête de Psyché, touchait au-delà le prix fixé par lui à la propriété.

— Comte, vous êtes un monstre!

— Et vous une divinité.

— Sachez, monsieur, qu'il est défendu de se payer par ses mains.

— Dans le code, c'est possible; mais en amour, c'est tout différent. Maintenant, ma toute belle, impossible de vous dédire, le marché est conclu.

— Et ma quittance, mes titres de propriété, reprend Psyché en riant.

— Je ne les remettrai qu'à vous seule.

— Où, monsieur?

— En votre maison de Surène, où je vous attendrai à ce sujet demain à trois heures. Puis-je espérer que mon joli acquéreur voudra bien se mettre en règle?

— Comme la nuit porte conseil, vous serez instruit demain de ma décision.

—Puisse Morphée plaider en ma faveur!

Ici un bruit se fit entendre dans la pièce précédente, et un instant après, la porte s'ouvrit pour donner passage à Tonton, dont l'air contrit, la figure renversée occasionnèrent un éclat de rire à Psyché.

— Riez, riez, madame.

— Eh! mon Dieu, monsieur, que vous est-il arrivé ?

— A moi rien, madame; mais à vous, c'est tout différent.

— Mais qu'est-ce encore?

— La perte de votre maison de campagne, vendue à un autre, depuis hier, à mon grand désappointement.

—Quoi! voilà le sujet de votre maussade humeur ?

— Oui, madame, parce que ce contretemps me prive du plaisir de satisfaire l'envie que vous m'aviez témoignée de posséder cette maison.

— Eh bien, monsieur le comte, quand

je vous disais tout à l'heure que mon mari était le meilleur des hommes, et que j'avais raison de l'aimer de tout mon cœur....

— Quoi, ma chérie! tu disais cela à monsieur?... Avouez, comte, que je suis heureux d'avoir une femme comme celle-là, et qu'un mari ne peut trop faire pour se la conserver!

— Comme je répondais à madame, sa possession est un trésor qu'on ne saurait garder trop précieusement.

— Monsieur le comte, dînez-vous avec nous? demande Tonton.

— Je le voudrais, mais cela m'est impossible, devant, à cinq heures, accompagner le Duc, mon père, chez le ministre où nous dînons tous deux.

— Diable? dîner chez un ministre, c'est de quelqu'importance. A propos, mon cher comte, vous qui paraissez être au mieux avec son excellence, ne pourriez-vous lui glisser un mot en ma faveur au sujet du privilége que je sollicite depuis un an, afin de former et d'ouvrir un théâtre lyrique d'un genre tout nouveau?

— Rien de plus facile, d'autant plus que le ministre doit à mon père, ainsi qu'à moi, quelque remercîmens concernant sa nouvelle nomination au portefeuille de l'intérieur, et qu'il n'a rien à nous refuser.

— Superbe! s'écrie Tonton; en vérité, mon cher comte, vous êtes un précieux et excellent ami; enfin, l'homme qu'il me fallait pour activer mon affaire; parlez, parlez dès ce soir au ministre, à table, et au dessert surtout; car c'est l'instant le plus propice.

— Comptez sur moi, demain soir je vous instruirai du résultat de ma démarche.

— Soit! à demain soir. Ah! mon cher

comte, je ne puis trop le répéter, quel excellent ami j'ai en vous !

Encore quelques instans et le comte se retira après avoir, en secret et à voix basse, rappelé à Psyché que le lendemain il l'attendait à Surène.

— Resté seul avec sa femme.

— Ma chère, lui dit-il, votre caprice était ruineux, n'avait pas le sens commun ; cette maison ne peut nous convenir, car on en demande cent trente mille francs; ce serait, ma foi, payer trop cher l'amour-propre de pouvoir dire : ma maison de campagne ; aussi ai-je refusé d'aller la visiter.

— Vous disiez à l'instant que cette propriété était vendue.

— D'accord, en présence du comte.

— Savez-vous qu'il m'en offre une charmante à lui appartenant ?

— En voilà la première nouvelle ; mais à quel prix la met-il ?

— Il ne la vend pas, monsieur, et me l'offre en pur don.

— Diable ! et vous avez accepté ; car d'un ami, on ne doit rien refuser.

— Quoi ! Tonton, vous consentez à ce que votre femme accepte, d'un autre que vous, un cadeau de cette importance ?

— Pas assez sot pour y mettre empêchement.

— Mais, si ce don était fait à titre d'amant !

— Ma chère, ma femme à mes yeux doit avoir un ami, mais jamais d'amant ; acceptez donc en qualité d'amie.

— J'accepte ! répond Psyché en riant, et demain, monsieur, je vous fais propriétaire, etc...

— C'est très bien ! aussi, ma moutte,

vous fais-je donner à mon tour, par le général Vernonville, la plus délicieuse parure de brillans qui soit jamais sortie des mains d'un lapidaire.

— En vérité ! s'écrie Psyché joyeuse.

— En vérité! sachant l'extrême amitié que ce vieux général vous porte, et peiné moi-même de ne pouvoir vous faire ce riche cadeau ; je m'en désolais ce matin en présence de cet excellent Vernonville, ajoutant que la privation de cette parure vous rendait la plus malheureuse des femmes...

— Eh bien !...

— Eh bien! comme il ne peut, ainsi que moi, savoir une femme malheureuse, cet excellent ami m'a demandé la permission de vous faire présent de l'objet tant désiré, et doit ce soir vous le porter lui-même à votre loge.

— Quelle générosité ! fait Psyché.

— Parlez-moi, ma chère, d'avoir des amis fortunés, et haut placés ; il y a tout à gagner avec ces gens-là !

— Surtout lorsqu'ainsi que vous on a une jolie femme, n'est-ce pas, monsieur ?..

— Un physique agréable, ma chère, ne gâte jamais rien.

A propos ! reprend Tonton, savez-vous qui j'ai rencontré aujourd'hui ? je vous le donne à deviner, ma chère.

— De grâce, mon ami, évitez moi cette peine, et parlez de suite.

— Albert, ma chère amie, que nous n'avions pas revu depuis plus de deux ans.

— J'espère, monsieur, que, conservant des relations amicales avec Lucien et Myladi Betson, vous n'êtes point entré en conversation avec cet homme !

— Je vous en demande bien pardon, ma

moutte; car comme il m'accosta le premier, je ne pus décemment lui tourner le dos sans lui dire mot.

— Le malheureux vous a-t-il appris le sort de cette pauvre Adeline?

— Il m'a instruit de tout, madame; sachez donc que depuis qu'il l'enleva à son époux, il ne l'a point abandonnée un seul instant; que l'union, l'amitié n'ont cessé d'exister entre eux, que la fortune leur a souri très favorablement, et qu'ils habitent en ce moment Auteuil, où ils occupent, aux abords du village, une élégante et vaste propriété, où, vous et moi, sommes invités à assister demain à une brillante soirée.

— Je n'irai pas, monsieur.

— Vous y viendrez, chère amie.

— Comment, vous vous dites l'ami de

Lucien, et vous êtes assez peu délicat pour fréquenter ses ennemis ?

— Chère amie, les intérêts avant tout. Albert reçoit chez lui nombreuse et bonne société ; parmi ces gens, il peut s'en trouver qui nous soient utiles, qui deviennent nos amis, et comme jusqu'alors je n'ai, du moins nous n'avons, qu'à nous louer de ceux que nous nous sommes acquis, je prétends en augmenter le nombre autant que possible; ainsi donc, ma chatte bien aimée, préparez-vous à m'accompagner demain à Auteuil, et à vous orner de votre plus belle parure.

— Je vous répète, monsieur, que je n'irai pas.

— Et moi, madame, je vous répète que vous irez. Pas de rébellion, ma très chère moitié, aux conventions de notre mariage; où, pour y couper court, je réalise mon bien et vous confine à mes côtés dans le fond de la province la plus monotone.

— Quelle tyrannie! s'écrie Psyché en larmes.

— Quelle faiblesse ! reprend Tonton; vraiment, Psyché, ma douce Psyché, tu es indigne de porter le nom d'un homme adroit et spirituel, d'un homme dont le seul et unique désir est d'augmenter sa modique fortune, afin d'être à même un jour d'embellir ton existence.

Allons, ne pleure pas, sèche ces larmes, petite sotte, et viens embrasser ton petit mari.

— Non, monsieur, je vous déteste! Ah! si je n'avais pas été assez maladroite pour vous rendre dépositaire de....

— Silence, mon épouse! je ne vous comprends que trop, femme ingrate. Oubliez-vous que je suis votre époux et maître, que nous sommes communs en biens, que l'univers entier est instruit de l'amour que je vous porte, des soins dont je vous accable, et que rien alors ne peut vous soustraire à mon autorité?

— Infâme tartuffe ! homme sans délicatesse!

— Psyché! ma tendre moitié, vous allez me faire sortir des gonds de la modération.

— Je me moque de vos menaces, et veux être maîtresse enfin !

— Psyché, mon épouse, la femme doit respect et obéissance à son mari ; rentrez donc dans le devoir et ne me forcez pas à employer les voies énergiques pour vous y contraindre.

Psyché, sans tenir compte de l'avertissement, riposte par un mot dont la signification injurieuse porte la fureur et le dépit dans l'âme de Tonton qui, pour toute réponse à cette apostrophe, applique une paire de soufflets sur les joues de sa moitié; soufflets donnés, autres rendus : pif! paf! puis on se prend aux cheveux; puis le combat terminé; on entre en explication :

— C'est toi qui avais tort.

— Non, chère amie, c'est vous qui m'avez poussé à bout, injurié d'une façon infâme.

— Je conviens que j'ai eu tort.

— Alors, oublions tout et embrassons-nous.

— Dieu! comment paraître ce soir en scène avec ce visage enflammé?

— Chère moutte, tu mettras moins de rouge, et rien ne paraîtra.

Le lendemain au matin, Psyché, la joie dans le cœur, le triomphe dans les yeux, entrait dans la chambre de son mari et faisait briller aux yeux de ce dernier la riche parure de brillant qu'elle rapportait de chez le général.

Plus tard, et comme la sixième heure du soir sonnait, la danseuse, arrivée de la campagne où elle était depuis le matin dix heures, déroulait, aux yeux de son époux, les titres pleins et entiers de la toute propriété de la maison de Surène ; et le mari de s'écrier :

— Dieu ! qu'il est doux d'avoir de bons amis ! !

VIII

Monsieur et madame de Saint-Hilaire.

— A Auteuil! Et la calèche attelée de deux chevaux rapides comme l'éclair entraînaient monsieur et madame Tonton vers le village indiqué. Trente-deux minutes en route et la voiture entre avec rapidité dans l'immense cour de la noble demeure de monsieur et madame de Saint-Hilaire, tel est le nouveau nom adopté depuis longtemps par Albert et sa compagne.

Les deux nouveaux venus sont introduits dans d'immenses salons qu'éclairent une quantité innombrable de bougies, où l'or et la soie se déroulent et brillent de toutes parts; dans des salons qu'encombre une foule immense, où de nombreuses tables à jeu déploient leur tapis vert, que couvrent en partie des piles d'or et d'argent.

— Bonsoir mon cher Albert.

— Fidèle au rendez-vous, c'est très bien; mais de grâce, Tonton, point d'Albert ici.

— C'est juste, mon cher de Saint-Hilaire, présentez-nous donc à madame.

— Madame la marquise de Saint-Hilaire, n'est-ce pas?

— Oui, mon cher Albert.

— Encore, Tonton! mais mon ami vous finirez par me compromettre; et le nom de Saint-Hilaire est-il donc si difficile à retenir.

— Excusez marquis, une ancienne habitude.

— Et votre santé, belle Psyché?...

— Parfaite, monsieur, répond froidement la danseuse.

— Toujours ravissante de beauté, de grâce et de fraîcheur.

— Allons, marquis de Saint-Albert.... de Saint-Hilaire, veux-je dire, trève de complimens, et avant de nous introduire plus avant dans votre brillante réunion, veuillez me mettre à peu près au courant des gens qui la composent! demande Tonton.

— Rien de plus aisé; asseyons-nous entre ces deux colonnes et suivez bien mon exposition.

D'abord, ce grand sec par qui je commence, parce qu'il nous montre en plein sa face hypocrite et son grand nez, est un riche manufacturier qui, avide d'honneurs et de plus de fortune encore qu'il n'en possède, s'est fait nommer député aux dernières élections à force d'afficher le libéralisme; mais, ne vous y fiez pas; cet homme, véritable despote, a sans cesse le bonheur du peuple à la bouche, et le livrerait au despotisme en échange de la moindre faveur du pouvoir; enfin, comme tant d'autres, il votera tout, approuvera tout devant la perspective du plus mince portefeuille..

Maintenant, ce gros court, qui, en ce moment, compte ses billets de banque, afin de s'assurer du montant de sa perte ou celle de son gain, est un impudent qui a fait trois fois faillite en Allemagne, et vient jouir à Paris du repos de sa fuite et de ses rapines.

A côté de lui, cet homme si phlegmatique, si froid aux apparences, est un banquier de la Chaussée-d'Antin, qui, depuis deux ans, afin de se consoler de la fuite de sa femme, partie avec un comédien, s'efforce à se ruiner avec les dames de l'Opéra, et qui, n'y parvenant pas assez vite, expose chaque soir un débris de sa fortune sur un tapis vert.

Là bas, à droite, dans cette encoignure, vous voyez un riche capitaliste sans capitaux, grand entrepreneur de grandes entreprises; capital social cinq millions, et exposant journellement l'argent de ses actionnaires aux chances de l'écarté ou du trente-et-un. Ce jeune homme, à la mine fashionable, n'est que le fils d'un riche fermier qui, à sa mort, lui a laissé une fortune de six millions que notre dandy, enfant d'un père avare, s'occupe à dépenser largement.

Près de nous, cet homme au ton important, qui, sur son siége, balance nonchalamment son oisiveté impudente, est un riche propriétaire, dont la fortune repose entièrement sur des bases iniques.

Derrière nous, cet autre qui, en sournois, lorgne cette jolie femme en robe de soie rose, est un de ces maris complaisans, exploitant la beauté de leur femme dans leur propre intérêt; être vil, sans âme...

— Très bien, très bien, mon cher marquis, assez comme cela; je crains d'abuser de votre extrême obligeance; aussi bien j'aperçois notre adorable marquise; veuillez me permettre d'aller lui présenter mes très humbles hommages.

Et cela dit, Tonton s'élance dans la foule.

Une heure après, dans un petit salon éloigné du bruit et du monde, assises l'une près de l'autre sur un sopha, Adeline et Psyché, après deux années de séparation, se font de mutuelles confidences.

— Comment Tonton est changé à ce point! Mais je n'en reviens pas..... Quelle horreur! quel vil intérêt!

— Oui, ma chère, repondait Psyché en poussant un gros soupir.

— Dis-moi, Psyché, tandis que nous sommes seules, et que devant toi je puis rougir sans crainte, ce bon Lucien s'est-il consolé de ma perte? Est-il heureux comme il le mérite?

— Oh! tais-toi, Adeline, ce nom ne doit jamais sortir de ta bouche.

— Hélas! toi aussi, as donc horreur de ma faute?

— Je t'ai blâmée et je t'ai plaint, Adeline. Maintenant réponds-moi, es-tu heureuse avec celui que tu préféras à ton époux?

— Ah! ne m'interroge pas, Psyché; est-on jamais heureuse avec un remords qui nous ronge le cœur?

— La fortune, à ce qu'il paraît, vous a comblé de ses faveurs?

— La fortune! hélas! plaisantes-tu?...

— Cependant ce luxe, cette riche habitation, ces nombreuses réunions qui, dit-on, se renouvellent sans cesse chez toi!...

— Clinquant, imposture, tripot doré, où, sous prétexte d'un bal, d'une soirée de réception, se donnent rendez-vous le jeu, la débauche et la luxure. Ici, moyennant certain tribut déposé au flambeau, chacun est libre de se livrer à ses ignobles passions; le joueur, d'y perdre son or à pleines mains; le libertin, d'y choisir dans cent beautés à l'encan, attirées ici par l'appât de l'or, celle qui flattera le plus ses regards et ses sens...

— O ciel! que je te plains, ma pauvre Adeline; est-ce donc là la triste condition que te promit ton suborneur, en t'arrachant à ton époux?

— Considération, fidélité et bonheur, voilà ce qu'il fit entendre. Hélas! au lieu de cela, mépris du monde, inconstance de sa part, intrigues continuelles afin de parer à une ruine sans cesse menaçante; tel est mon sort... Juge maintenant, Psyché, combien je dois souffrir d'une telle déception.

— Que tu dois le détester?

— Non, malgré ses torts, je ne puis haïr le père de mes enfans.

— De tes enfans, s'écrie la danseuse avec l'expression de la plus grande surprise.

— Hélas oui, deux jumeaux, fille et garçon.

— Sont-ils près de toi, Adeline? Oh! je t'en prie, montre-les moi.

— Près de moi, oh! non; c'est encore un bonheur dont il m'a privée et veut me priver long-temps. Albert n'aime pas les enfans, aussi m'a-t-il contraint de les placer chez une nourrice à dix lieues de Paris.

— N'importe, nous irons les voir ensemble, car j'en meurs d'envie.

— Espérons! soupire Adeline péniblement ; mais apprends-moi donc enfin, Psyché, ce qu'est devenu Lucien ?

— Le secrétaire intime de lord Betson, l'époux de ta cousine Adrienne.

— Oui, j'ai appris ce mariage, et j'en ai ressenti une grande joie pour Adrienne. Ainsi donc Lucien est heureux ?

— Du moins il paraît l'être.

Ici s'établit un moment de silence pendant lequel Adeline parut se livrer à d'amères réflexions. Psyché, les yeux fixés sur elle, contemplait avec une pénible surprise le changement opéré en si peu de temps dans les traits de la jeune femme. Ce visage jadis si plein de fraîcheur et de grâce n'était plus que le masque d'une pâle mélancolie aux yeux mornes, aux traits flétris. Un bruit vint à se faire entendre : Adeline s'empressa d'essuyer quelques larmes prêtes à s'échapper de sa paupière, puis la porte s'ouvrit et Albert, suivi de Tonton, parut aux yeux des jeunes femmes.

— Que fais-tu donc ici, ma bonne amie ? Est-ce le moment de t'éloigner de la société, aussi réclame-t-elle ta présence à hauts cris, dit Albert d'un ton assez sec.

— Et vous, madame Tonton, que faites-vous loin du monde; vous ai-je amené mamoutte pour rester ainsi à l'écart, loin de la société et des plaisirs ?

— Après deux ans de séparation on a tant de choses à se conter entre femmes, répond Adeline.

— Oui, je conçois, le chapitre des confidences; mais moi je déteste ces élans de confiance, fait entendre Albert avec humeur, et fixant Adeline d'un regard sévère.

— Voyez-vous çà, pour complaire à

monsieur, il nous faut rester muettes, le plus souvent! Au fait, lorsqu'on ne trouve pas les gens dignes de sa confiance on ne les invite pas à venir chez soi, dit Psyché d'un ton brusque et mécontent.

— Sans prétendre rappeler de fâcheux souvenirs, je crois qu'Adeline n'eut pas toujours à se louer de la confiance qu'elle plaça dans ses amies, répond Albert d'un ton sardonique.

— Ah! je vous comprends; un coup de patte que monsieur me lance en passant; mais je m'en moque, au surplus! je suis fermement convaincue, moi, que les amis ont été beaucoup plus funestes en cette circonstance que les amies dont vous prétendez parler; mais laissons cela : autrefois comme autrefois; maintenant les choses sont changées, et je puis dire avec raison : « Aux cœurs heureux les vertus sont faciles. »

— Oui, laissons cela et retournons au salon. Belle Adeline, veuillez accepter ma main.

— Allons, jolie rancunière, confiez-moi aussi la vôtre, si blanche et si douce, dit Albert à Psyché, après qu'Adeline eut quitté la chambre avec Tonton.

— Ah! monsieur devient donc plus galant, répond la danseuse, en accédant à l'invitation d'Albert.

— Galant! qui ne le serait près de vous? Moi surtout, ma divine, à qui un bien délicieux souvenir en fait la loi.

— Oui, celui d'une infâme perfidie. Oh! pour cela, je vous en voudrai toute la vie.

— Toute ma vie aussi ce doux péché sera gravé dans mon cœur.

— Que vous êtes perfide et faux!

— Et vous, aussi gracieuse que méchante!

Ces choses venaient de se dire dans le trajet du boudoir au salon où, arrivés tous deux, Albert, aussitôt invité à remplacer un sortant à l'écarté, quitte la main de Psyché, après l'avoir confiée au bras d'un jeune homme de dix-sept ans au plus, petit blond, faisant son entrée dans le monde et qui, encore tout guindé de timidité et parfumé d'innocence, ne savait en ce moment quoi dire et que faire du joli dépôt qu'on venait de mettre sous sa protection, et dont le contact faisait refluer vers son visage tout le sang que contenait son cœur palpitant. Psyché, à qui le silence du petit jeune homme semble aussi monotone que surprenant, lève sur lui un œil curieux, et, apercevant la plus jolie figure du monde, se décide, afin d'encourager le jeune novice, à entamer le premier la conversation.

— Il fait une chaleur étouffante dans ce salon, n'est-ce pas, monsieur?

— Oui, mademoiselle, il y fait extrêmement chaud.

— Si monsieur voulait, nous pourrions respirer un instant au jardin?

— Avec plaisir, mademoiselle.

— Je suis dame, monsieur.

— Pardon, je l'ignorais; madame est si jeune.

— Quelle belle soirée, comme le ciel est pur!

— En effet, il fait un temps superbe.

—Monsieur est un ami de M. et madame de Saint-Hilaire?

— Non, madame; voilà la première fois que je suis admis chez eux.

— Ah! quelqu'un, sans doute, vous y a présenté?

— Un de mes cousins, madame, à qui ma famille m'a confié en m'envoyant à Paris.

— Vous habitez donc la province?

— Oui, madame, ma famille habite Alençon, et m'envoie faire mon droit à Paris.

— Eh bien! mon jeune monsieur, si votre cousin continue à vous faire fréquenter des maisons comme celles-ci, je vous prédis que vous ferez votre droit tout de travers.

— Vous croyez, madame?

— Sans nul doute; les gens qu'on rencontre ici, ce qu'ils viennent y faire, croyez-moi, ne convient pas à un homme de votre âge.

— Cependant, hors le jeu énorme qu'on y joue, je n'y vois que des choses charmantes. Et le bras de Psyché ressentit en ce moment une légère pression.

— De quelle espèce, monsieur, sont ces choses charmantes, reprend-elle en fixant le jeune homme qui, tout interdit de la demande, semble encore rougir davantage.

— Mais, madame.... les dames, d'abord. Oh! les dames sont bien jolies!

— Prenez garde; il en est parmi d'aussi charmantes que perfides.

— Est-ce possible, madame?

— J'en suis certaine. Comment vous nommez-vous? monsieur.

— Théophile de Saint-Elde, madame.

— Eh bien! monsieur Théophile, croyez-moi, ne revenez plus en cette maison; ce serait vraiment dommage pour vous.

— Et vous, madame, comptez-vous y revenir?

— Jamais.

— Ni moi, madame.

— C'est très bien, vous m'intéressez, mon jeune ami.

— Que de bonté!...

— Oui, il faudrait quelqu'un de raisonnable qui se chargeât de choisir vos sociétés, qui vous guidât dans le monde.

— Hélas! madame, je ne connais à Paris que mon cousin qui consente à s'intéresser à moi.

— Et qui, pour vos débuts et former votre genre, vous amène dans une maison de jeu et de femmes. Mais qu'est-il ce sage et prudent mentor?

— Étudiant en droit, madame.

— Je ne m'étonne plus alors! Théophile, il faut le moins possible fréquenter ce parent; et comme il vous serait pénible d'être isolé dans une ville comme Paris, dès ce moment ma maison vous est ouverte. Oui, c'est moi qui à l'avenir se charge de vous former, de guider votre inexpérience.

—Ah ! madame, qu'elle faveur précieuse vous daignez m'accorder là... Ah ! croyez que jamais élève n'aura été plus docile, plus reconnaissant que moi.

— Eh bien ! ne me serrez donc pas la main si fortement, vous m'avez fait un mal affreux !

— Ah ! pardon ! mille fois pardon, madame. Et en disant, M. Théophile, dans sa joie, son transport, caressait de la sienne la main souffrante qu'on lui abandonnait.

— Assez, monsieur, asseyons-nous sur ce banc et écrivez mon adresse.

Le jeune homme obéit, sort un calpin de sa poche et écrit la demeure que lui dicte la jeune femme, en se penchant si près de son visage, afin, sans doute, qu'il ne perde pas un mot de la dictée, que le pauvre Théophile, troublé par le souffle qui en cet instant caresse son visage, ne voit plus, n'entend plus, et qu'en retournant la tête pour inviter Psyché à lui redire son numéro, sa bouche rencontre la sienne et que le bruit d'un baiser se fait entendre.

Comme il n'y a que le premier pas qui coûte en toute chose, il se suivit de cet accident un petit concert de soupirs, de baisers, où la vertu fit la basse et le plaisir la dominante, lorsque la voix de Tonton, retentissante au loin, rappela la raison chez le couple amoureux en faisant envoler les amours.

— A demain!

— A demain!

L'un prit à droite, l'autre à gauche, et par un chemin différent tous deux se dirigèrent vers le salon.

—Venez donc, ma chère, je vous cherche depuis un siècle afin de vous présenter à M. Coçue, un des plus forts banquiers de Paris, dont je viens de faire la connaissance, un homme charmant! d'un ton exquis, et que j'ai engagé à venir nous voir. Et Tonton en disant d'entraîner sa femme malgré sa résistance.

Deux heures encore et la foule commence à s'écouler; encore quelques joueurs entêtés, quelques femmes belles et coquettes, minaudant sur leurs chaises, affectant le sourire afin de déguiser le dépit que leur cause le peu d'effet produit par leurs charmes sur tant d'hommes chez qui la passion du jeu l'emportait sur tous les autres sentimens; puis, à l'écart, Albert et Tonton chuchottant à voix basse; près d'eux Psyché faisant ses adieux à Adeline, lui promettant de revenir la voir le plus tôt possible, puis, embarras des dames, n'ayant ni cavalier ni voiture à leur disposition.

Heureusement que Tonton est un homme sensible et galant qui ne peut voir sans peine l'embarras de deux infortunées délaissées, et que prenant la parole:

— Mon cher monsieur Coçue, faites-moi l'amitié, puisque nous habitons le même quartier, de reconduire ma femme chez elle dans votre voiture, tandis que moi, avec la mienne, je vais accompagner ces dames jusqu'à leur demeure.

M. Coçue paraît être enchanté de la proposition, et, en dépit de M. Théophile, encore présent et rôdant autour de Psyché, le banquier offre sa main à la danseuse qui, en grimaçant et sur un signe impératif de son époux, s'élance dans le riche équipage.

IX

Deux visites, une conspiration.

— Milady, retirée dans son appartement, a donné l'ordre de n'admettre personne près d'elle.

— Mon ami, annoncez-lui que c'est son oncle Duplan, son second père, qui vient pour la voir, la consoler; allez sans crainte, car ma présence, j'en suis certain, ne pourra que lui être agréable.

— Cela suffit, monsieur, je vais en instruire ma maîtresse.

Et le valet s'éloigne, laissant M. Duplan dans l'antichambre.

— Me renvoyer sans l'avoir embrassée, sans avoir vu ma nièce, par exemple! et cent autres murmures semblables que le retour du valet interrompit.

— Donnez-vous la peine d'entrer, monsieur.

— Heim! je vous le disais bien que ma nièce était toujours visible pour moi.

— Mon oncle! mon bon oncle! exclame Adrienne, toute vêtue de noir, en se levant précipitamment de sa place, et venant tout en larmes se jeter dans les bras du vieux concierge.

— Bonjour, bonjour, ma chère enfant !

— Ah ! mon oncle, que vous avez tardé à m'apporter vos consolations.

— Dam ! ma pauvre enfant, je craignais d'interrompre ta douleur.

— Depuis mon veuvage, depuis deux mois, ne pas m'avoir fait une visite, m'abandonner dans ma solitude.

— C'est vrai, c'est vrai ! j'ai péché par excès de prévoyance, ne voulant point t'interrompre dans les nombreuses affaires où a dû te plonger la mort de ton cher mari, cet excellent mylord. Ensuite, ma chère Adrienne, depuis un an que la mort m'a ravi ma pauvre femme, cette pauvre madame Duplan, tu sais que l'embarras de la maison, la garde de ma porte, tout retombe sur moi, et que, d'après cela, il me reste peu de temps dont je puisse disposer.

— En effet, mon oncle, c'est trop de fatigue pour vous ; il faut quitter cette place de concierge, vous reposer et venir vivre près de moi.

— Hum ! je le voudrais, ma mignonne ; mais il me faut encore travailler quelque temps et mettre quelques petites économies de côté.

— A quoi bon tant d'argent; vous êtes aisé, mon oncle, et n'avez pas d'enfant.

— Que dis-tu ? je n'ai pas d'enfant ! et toi, pour qui te comptes-tu donc ?

— Moi, mon oncle, mais ignorez-vous que mon époux m'a laissé sa fortune entière?

— C'est juste ! riche comme une princesse, l'héritage d'un pauvre portier te devient inutile ; mais il n'en est pas de même pour la malheureuse Adeline, partie nous ne savons où avec ce débauché qui l'enleva à son mari; peut-être l'infortunée en ce moment expie-t-elle sa faute par la misère et l'abandon; peut-être un jour viendra-t-elle nous crier grâce et pitié, alors il faudra bien lui tendre la main, la secourir et lui assurer une honorable existence.

— A laquelle mon projet est de contribuer seule, mon oncle. Cette chère Adeline! l'amour causa seul ses torts... Oh! que je la plains!

— Mais où est-elle? où est-elle?

— A Paris, dit-on.

— A Paris! et ne pas venir voir son oncle!...

— Elle ignore sans doute la mort de ma tante, et elle appréhende sa sévérité.

— Pauvre femme! plût à Dieu qu'elle puisse la moraliser encore, dit M. Duplan d'un ton lamentable, en levant les yeux et les mains au ciel, puis, reprenant après un instant de recueillement ; à propos, mon enfant, où donc est Lucien ? je le croyais fixé près de toi.

— A Londres, mon oncle, chargé par moi de vendre les biens de lord Betson, de réaliser la fortune...

— Et de te l'apporter afin d'en jouir en France paisiblement, n'est-ce pas ? interrompt le concierge.

— Non, mon oncle, mais de la restituer à la famille de mon époux, moins quatre cents mille francs que je réserve pour moi et cent mille autre francs que mylord, dans son testament, a légué à Lucien.

— Voilà par exemple une chose étrange, quoi ! ton mari te laisse en mourant propriétaire d'une fortune de deux cents mille livres de rente, et tu la donnes sottement à des gens qui te sont inconnus, qui jouissent eux-mêmes d'un immense revenu!

— Oui, mon oncle, parce qu'ils diraient sans cela qu'en épousant lord Betson, l'intérêt seul me guidait alors, et qu'ils me mépriseraient.

— Que t'importe l'opinion de ces gens, au surplus! T'aurais-je donnée pour femme, toi si vertueuse, si jeune et si fraîche à un homme de cinquante-cinq ans, si je n'avais su t'assurer un sort brillant.

— Eh! mon oncle, que ferais-je de tant de fortune, moi, qui veux fuir le monde et vivre loin de Paris dans une retraite ignorée.

— Encore une folie!.. Lorsqu'on peut jouir grandement de la vie et de ses plaisirs, avoir un bel hôtel, un château, des valets, des chevaux, un superbe équipage, et par-dessus, monter un petit théâtre dans sa maison, jouer la comédie chez soi, d'aller se claquemurer, éteindre son imagination dans le fond d'une province.

—Ces jouissances, pour lesquelles je ne suis pas née, n'ont nul attrait pour moi, mon oncle; n'espérez donc pas changer ma résolution.

— Vingt mille livres de rentes, lorsqu'on en a deux cents à sa disposition! murmure monsieur Duplan, en remuant la tête en signe de mécontentement.

— Eh! mon oncle, lorsque je travaillais chez vous de mes pinceaux, espérais-je en posséder jamais autant!...

— D'accord! mais ce que le ciel nous envoie est bon à conserver.

Mon oncle, vous dînez avec moi?

— Pas aujourd'hui, ma chérie, Jeannette, ma servante, est seule à la loge; j'ai promis de rentrer de bonne heure; mais dimanche prochain je serai ton convive.

Adrienne, restée seule après le départ de M. Duplan, se laissa tomber dans la tristesse, tristesse causée par un regret bien sincère de la perte du plus parfait des hommes, mort après deux mois des plus atroces souffrances et entouré de sa femme, de Lucien et de deux anciens et fidèles serviteurs. Maîtresse d'une fortune immense dont elle ne se disait que dépositaire. C'est à Lucien que la jeune veuve avait confié le soin de la recueillir et de la distribuer à partage égal aux nombreux parens du lord. L'importance de cette liquidation avait donc contraint le jeune homme à s'éloigner d'Adrienne quinze jours après le décès de son mari, et ce ne fut pas sans un redoublement de larmes et de regrets que la jeune femme avait vu les préparatifs d'un voyage qui devait, pour un long laps de temps, la priver de la présence d'un ami que la bienséance et le respect qu'elle devait aux mânes de son époux, lui défendaient d'accompagner malgré son desir secret, dans la patrie de l'époux dont elle portait le deuil, plus encore dans son cœur que sur sa personne.

Le lendemain de la visite de l'oncle, Adrienne qui avait oublié de renouveler la consigne de la veille, fut troublée dans sa retraite et ses méditations par la visite de Tonton, qui, fidèle au système, qu'il y a toujours à gagner avec les gens riches, s'était empressé d'accourir, aussitôt la nouvelle de la mort du lord, et véritable mouche du coche, d'offrir ses consolations, ses services, de s'agiter, de faire grand bruit et rien de bien ni d'utile. Mais il avait plaint la veuve, feint de regretter le défunt, accompagné ses restes jusqu'à la dernière demeure, et par ces marques d'un touchant intérêt, sut gagner l'estime d'Adrienne, qui séduite, avait consenti par la suite d'accueillir un homme aussi sensible aux malheurs de ses amis, un homme enfin, que Lucien lui-même voyait avec plaisir.

— Bonjour, aimable veuve, comment va cette précieuse santé, depuis un siècle que je n'ai eu le bonheur de vous voir ?

— Merci, monsieur, de votre aimable intérêt.

— Madame Tonton, qui vous aime à la folie, apprenant que j'avais l'intention de vous faire ma visite, voulait absolument m'accompagner.

— La présence de madame, n'aurait rien moins été que flatteuse pour moi.

— Vous êtes trop aimable pour dire autrement, belle dame, mais j'ai craint que nous soyons importuns.

— Pas le moins du monde, monsieur.

— Alors partie remise, belle lady, car ma Psyché se fait un vrai plaisir de venir passer quelques instans près de vous. A çà, et ce bon et cher Lucien, y a-t-il long-temps que vous n'avez reçu de ses nouvelles? nous revient-il bientôt?

— Son absence, monsieur, doit je pense, se prolonger encore un couple de mois.

— Encore deux mois! mais c'est un siècle!

— Oui, c'est bien long! soupire Adrienne.

— Pendant ce temps, seule avec votre chagrin; mais vous devez périr d'ennui, mylady? il ne faut pas ainsi nourrir sa douleur, s'isoler de ses amis. Allons, un surcroît d'amabilité, s'il est possible que vous puissiez en posséder plus que vous n'en avez, venez nous voir, passer quelques jours avec nous dans la nouvelle propriété que ma femme et moi venons d'acheter à Surêne, sur les bords de la Seine.

— Je serais heureuse, monsieur, de pouvoir accepter votre amicale invitation, mais c'est avec un vif regret que je suis forcée d'en ajourner l'exécution; la mort récente de mon époux m'impose la privation de toute espèce de plaisirs. Croyez, cependant, que si mon devoir me prive du plaisir de me rendre à votre offre obligeante, je n'en verrai pas moins avec satisfaction votre présence chez moi, ainsi que celle de madame votre épouse.

— Il faut donc me rendre à d'aussi sages raisons, espérer et attendre cet heureux moment, où rendue à vos amis, ils jouiront de la présence de la plus belle comme de la plus vertueuse des femmes.

Adrienne ne peut s'empêcher de sourire faiblement à cette réponse flatteuse.

— Monsieur Tonton, avez-vous entendu parler d'Adeline, depuis que nous n'avons eu le plaisir de vous voir ?

— Non, en aucune manière, et cela, malgré une foule d'informations que je n'ai cessé de prendre de tous côtés. Ce mauvais sujet d'Albert l'aura expatriée, emmenée on ne sait où.

— Cependant, une des ouvrières qu'elle employait dans son magasin de modes, et que le hasard fit rencontrer dernièrement par Lucien, lui assura l'avoir aperçue plusieurs fois au spectacle, à la promenade.

— Hum ! c'est possible ! quant à moi, je n'ai pas eu cet avantage que j'envie fort peu, à dire la vérité ; ensuite à cause de la réputation, de l'honneur de ma femme, je ne me soucie nullement de revoir cette femme à laquelle je serais forcé de fermer ma porte.

— Pauvre Adeline, avoir ainsi perdu toute estime et considération !

— Oui, c'est malheureux, cette femme est née sous une malheureuse étoile.

— Mais, cet Albert que je n'ai jamais vu, est-il donc un être à qui une femme ne puisse résister ?..

— Oh ! je le trouve fort ordinaire, moi, et suis encore à me demander ce qui a pu, en lui, séduire ainsi cette chère Adeline.

— Quel puissant ascendant cet homme exerce sur elle !

— C'est monstrueux ! incroyable ! s'écria Tonton.

— La présence de cet Albert me ferait horreur ! reprend Adrienne.

— Et à moi donc!

— Que vous devez bénir le ciel, monsieur, du bonheur dont vous jouissez dans votre ménage; et qu'un lâche ne soit pas venu y jeter le trouble et le déshonneur!

— C'est ce dont je me félicite tous les jours, madame, mais je suis tranquille et ne redoute rien des complots des méchans, ma Psyché aime tant son époux! puis elle est si sage, si douce! c'est un ange, mylady, c'est un ange! enfin, grâce à la sympathie de nos caractères, j'ose dire que nous ferons à nous deux un vrai ménage de tourterelles, répond Tonton en se composant un visage hypocrite et fesant la bouche en cœur, afin de paraître plus intéressant.

L'entretien se continua long-temps encore, et Tonton prit enfin congé de la jeune veuve, emportant l'assurance qu'à l'avenir ses visites, ainsi que celles de sa femme, seraient toujours accueillies favorablement.

En quittant Adrienne, Tonton s'élança dans son cabriolet qui l'attendait dans la cour de l'hôtel, et fouetta aussitôt vers sa maison de Surène, où ce jour il donnait un grand dîner. En y arrivant, le ci-devant danseur trouve de nombreuses sociétés dispersées dans le salon, la salle du billard et le jardin. Tonton sourit à l'un, à l'autre, sans s'arrêter, parce qu'il cherche sa femme de tout côté, et la trouve enfin au fond d'une avenue solitaire et appuyée sur le bras de M. Théophile, connaissance de fraîche date et convive invité par madame, à l'insu du mari.

— Que faites-vous donc ici, ma chère? je vous cherche depuis une heure. Ah! monsieur Théophile, quel hasard? ajouta

Tonton en s'efforçant de sourire, quoiqu'au fond très mécontent de la présence du jeune homme.

— Oui , monsieur allant à Saint-Cloud, et nous sachant à la campagne, est entré nous faire une visite; et en votre nom et au mien, mon ami, je l'ai engagé à dîner avec nous.

— Fort bien! mais vous savez, madame, qu'un jour de réception votre présence est indispensable au salon; pourquoi donc alors vous éloigner de la société?

—Parce qu'il m'a plu, monsieur, de me promener un instant, et de parler en particulier à M. Théophile, au sujet de votre demande au ministre, son oncle.

— Comment! jeune homme, vous seriez neveu d'un ministre! mais vous ne m'en aviez encore rien dit?

— C'est la vérité, monsieur, mais pourquoi, sans sujet, aurais-je été vous jeter à la tête cette parenté, dit en rougissant Théophile à qui Psyché a fait la leçon d'avance.

—En tout cas, je vous en félicite bien sincèrement, mon jeune ami. Ah! çà, est-ce que vous pourriez m'être de quelque utilité au sujet de cette diable de direction théâtrale si difficile à obtenir, et dans l'espoir de laquelle me berce depuis un siècle le comte de Vaufremond, l'ancien propriétaire de cette maison ?

Ici, Psyché lança un signe affirmatif à la dérobée.

—Beaucoup, monsieur ! répond le jeune homme qui a compris le coup-d'œil de la jeune femme.

— Ah! mon ami, quel service vous me rendriez en vous intéressant à cette affaire, en l'appuyant de tout votre crédit près de votre cher oncle, avec qui, sans doute, vous devez être au mieux?

— Il m'aime comme un père aime son fils, dit Théophile, toujours encouragé par Psyché.

— Alors, mon jeune ami, tantôt je vous expliquerai...

—Non, c'est moi qui m'en charge, répond la danseuse, j'exige en plus, que monsieur me présente lui-même au ministre, son oncle, et qu'en ma présence il appuie ma sollicitation.

— C'est cela, superbe idée, ma bonne amie, je m'en rapporte à votre adresse; oui, expliquez à monsieur, voyez vous-même le ministre; enfin ne négligez rien, car la chose en vaut la peine. Une direction! mais ce serait magnifique! je vendrais cela cent mille francs. J'en suis sûr, fait entendre Tonton, avec chaleur et enthousiasme.

— Mon Dieu ! belle amie, comme vous me faites mentir ; moi, le fils d'un marchand retiré, me dire neveu d'un ministre ! fait entendre Théophile en voyant Tonton s'éloigner.

— Enfantillage sans conséquence, monsieur, ne sentez-vous pas que le titre dont je viens de vous parer triple votre importance aux yeux de mon mari, qui, à vous parler franchement, n'estime et ne reçoit que les gens qu'il croit pouvoir lui être utiles, et voyait déjà d'un œil soupçonneux et mécontent votre assiduité près de moi.

— Oh ! vous avez eu raison, belle amie et maintenant j'approuve fort un mensonge qui me promet amour et bonheur, puisqu'il va me permettre de jouir sans crainte de votre adorable présence.

— Oui, mon Théophile, soyez toujours près de votre amie, toujours aimable et tendre pour elle ; mais surtout, mon ami, pas de jalousie mal placée, plus de scène pareille à celle que vous m'avez faite ce matin, parce que vous m'avez surprise recevant un baiser du banquier Coçue; que vous importe que ces gens me courtisent, si je n'aime véritablement que vous?

— Oh! c'est que je vous aime tant, ma bonne amie!

— Bien sûr!

—Oh! plus que ma vie, vous qui m'avez, la première, fait connaître l'amour et ses délices; vous qui avez daigné remarquer et appeler à vous le pauvre Théophile si honteux, si niais, avant qu'une femme charmante daignât se charger de son éducation.

— Aussi il ne faudra pas lui causer de peines, à cette pauvre femme ; faudra toujours l'aimer bien tendrement, être fidèle, discret et surtout pas jaloux.

— Amour, fidélité, confiance pour la vie ! répondit le petit jeune homme, et un mutuel baiser scella cette convention, et l'on se dirigea vers la maison.

Tonton, se rendant au salon, reconnut Albert et Adeline qui, d'après l'invitation qu'ils avaient reçu de lui, venaient d'arriver, en qualité de convives, prendre part à la fête et au dîner. Il fallait attendre une heure encore avant de se mettre à table; aussi usant de cette liberté qu'accorde la campagne, la société est-elle encore dispersée, Adeline elle-même vient de s'échapper et de courir à la recherche de la maîtresse de la maison, et de laisser Albert en tête à tête avec Tonton.

— Eh! bien, quoi de nouveau, beau sire? fait Albert en frappant sur l'épaule de l'amphytrion chez qui l'on dîne, et se jetant ensuite sur le moëlleux oreiller d'un sopha.

— Il y a que j'ai rendu visite aujourd'hui à une des plus jolies femmes de Paris, qui m'a même parlé de vous.

— Bah! et pourrais-je connaître le nom de cette merveille qui daigne s'occuper de moi? dit Albert avec curiosité.

— Mylady Betson, la riche et charmante veuve.

— En vérité! et que vous en disait-elle?

— Beaucoup de mal.

— Bah! oh c'est parfait! ah! çà on la dit

excessivement riche, que lord Betson lui a laissé toute sa fortune?

— Riche à trois ou quatre cent mille livres de rente.

— Peste! le friand morceau qu'une telle femme; je ne l'ai jamais vue, mais on la dit belle comme un astre?

— Délicieuse, mon cher!

— Et comment se trouve-t-elle de son veuvage?

— Elle en paraît fort affligée: ce qui ne l'empêche pas de soupirer après le retour de ce petit Lucien qu'elle a envoyé à Londres recueillir la succession.

— Oh! oh! superbe mission dont je me serais fort accommodé. Ah! çà, est-ce que par hasard cette espèce de gringalet aurait des prétentions au cœur et à la fortune de la jolie veuve?

— Hem ! je ne dirais pas non, il en a bien eu sur votre maîtresse.

— ..... Franchement, reprend Albert après un moment de silence, votre femme nous a joué un tour diabolique en découvrant mes amours avec Adeline au lord Betson ; il n'en serait pas moins mort aujourd'hui, et moi possesseur de sa fortune.

— C'est-à-dire Adeline, dit Tonton.

— Elle, ou moi, c'est à peu près la même chose?

— Certainement, c'est aussi pourquoi vous emportâtes jadis, et sans scrupule, tout l'argent qu'elle tenait de la générosité du lord.

— Silence ! ne rappelons pas les vieux péchés, mon cher, et parlons de choses plus essentielles.

— Je vous écoute.

— Tonton, voulez-vous gagner deux

cent mille francs sans danger ni peine?

— Cette demande! certainement que je le veux.

— Eh bien! écoutez-moi.

— De toute oreille.

— Le sentiment, mon cher, qui m'attache à Adeline, commence à devenir si vieux, qu'il pèse à ma conscience, et, sans son extrême amabilité, son talent pour attirer et retenir dans ses filets les nombreux amateurs nécessaires à l'exploitation du genre auquel je consacre ma maison, il y a long-temps, fort long-temps même que, faisant amende honorable, je l'aurais rendue à l'amour de son époux.

— Bien obligé pour lui de la préférence; vous plaisantez, je pense?

— Non, en vérité, mais laissez-moi achever. Toutes liaisons étant rompues entre Adeline et moi, je suis libre et garçon;

plus, fatigué des vains plaisirs de ce monde, et tout disposé, dès-lors, à devenir la meilleur pâte de mari qui ait jamais existée.

— Concluons, dit Tonton qui ne peut deviner encore à quoi doit conduire ce long préambule.

— Or donc, mon cher, continue Albert, afin de rentrer dans le bon chemin, et d'être à même de marcher en ligne directe dans le sentier de la probité, que me manque-t-il? une fortune qui puisse suffire à mon goût, aux exigences de la vie. Mais, que je la possède cette fortune, et je suis le plus honnête homme des quatre parties du monde.

— Sans doute, n'est pas fripon celui qui a le superflu; mais, de grâce, arrivons aux deux cent mille francs.

— J'aborde, il y a en ce monde, certaine veuve, jeune et jolie.

— Adrienne! je commence à comprendre! s'écrie Tonton.

— Avec laquelle vous êtes au mieux?

— Mais oui, pas mal, je m'en flatte.

— Eh bien! présentez-moi chez elle, je la courtise, l'influence, la séduit, l'épouse, et le jour même je vous compte deux cent mille francs.

— Hem! c'est fort beau, mais il y a vingt inconvéniens qui contrecarrent ce projet superbe.

— Citez, dit Albert avec sang-froid.

— Premièrement, Adrienne vous déteste comme étant le corrupteur de la femme de son cousin, de qui vous avez détruit le repos et l'honneur.

— Cela se peut; mais c'est le comte de Saint-Hilaire qu'en moi vous présenterez chez elle, et non Albert de Mouvra.

—Voilà qui est assez adroit et qui tombe dans la possibilité; mais la veuve en tient pour Lucien, ou je me trompe fort.

— Un nouvel amant fait oublier l'autre.

— Le jeune homme aimé revient dans deux mois.

— Il ne me faut que huit jours pour séduire la belle.

— D'accord! mais, le jour du mariage, il faudra décliner votre véritable nom, et alors...

— Alors la belle mylady sera folle de moi.

— C'est encore possible, s'écrie Tonton.

— Maintenant, mon cher, cherchez encore quelques obstacles à m'opposer.

— Non, car tout mon raisonnement baisse pavillon devant votre infaillibilité;

il ne s'agit donc plus, pour que je vous lance chez la veuve, que d'une toute petite formalité à remplir.

— Qui est? demande Albert.

— De me signer une reconnaissance de la somme promise, payable le lendemain de votre mariage avec mylady Betson.

— Rien de plus juste, et à l'instant même.

— Alors, passons à mon cabinet.

Placé au bureau, Albert se disposait à écrire, lorsque Tonton lui retenant la main.

— Pardon, mon cher Albert, lui dit-il, il me semble qu'en faveur des efforts que je fais pour étouffer mes scrupules, car enfin je sacrifie ici des gens que j'aime et que j'estime, de bons et excellens amis; il me semble donc, que vous pourriez bien sans exagération, ajouter quelques mille francs de plus à la somme.

— Diable! vous faites payer cher votre protection, mon maître, enfin n'importe! va pour deux cent cinquante mille francs.

— Bagatelle que cela, à côté du trésor dont je vais vous rendre possesseur.

— Sur tout ceci Tonton, un silence absolu envers Adeline et votre femme.

— Je suis muet.

—Fort bien! maintenant quand me présentez-vous?

— Dès demain si cela vous convient.

— Va pour demain.

— C'est dit, ce soir avant de nous séparer, nous conviendrons du reste. Et la cloche du dîner interrompit cet entretien.

XI

Un commencement d'exécution.

Monsieur Coçue, le banquier, est un homme charmant et qui a pris Tonton, on ne sait pourquoi, tellement en amitié, que demain il doit lui faire cadeau de six actions des chemins de fer dont il est un des plus puissans actionnaires. Serait-ce parce qu'il fait un temps de diable? que la pluie tombe à torrent et que ne voulant pas le laisser partir à onze heures du soir, dans la crainte que son cheval effrayé par l'orage ne l'emporte dans la Seine, et qu'on lui offre une noble hospitalité jusqu'au lendemain? c'est possible. Le banquier Coçue doit donc coucher à Surêne, dans la maison de Tonton; plus, la chambre qu'il doit occuper cette nuit est porte à porte avec celle de madame Tonton.

— Mon ami, il de même impossible de laisser partir M. Théophile d'un temps pareil, que penserait de nous, son oncle, le ministre, s'il apprenait que nous avons exposé cet enfant à quelques grands dangers, en ne lui offrant pas un asyle par un orage aussi épouvantable?

— C'est juste, ma moutte; mais que n'y as-tu pensé plus tôt? ce jeune homme eût alors profité de la voiture de monsieur et de madame de Saint-Hilaire.

— Vous avez raison, mon ami, c'est une grande maladresse de ma part de ne pas y avoir songé, mais la chose est irréparable et l'accident fort léger, car dans nos intérêts il est utile de faire politesse à ce jeune homme; offrons-lui donc la pièce sise au-dessus de la mienne, j'aurai grand soin de condamner pour cette nuit la porte du petit escalier qui donne dans mon alcôve.

— Faites comme vous l'entendrez, ma moutte, je m'en rapporte parfaitement à vous.

Monsieur Théophile sauta de joie en apprenant la décision des deux époux. Minuit, on se sépare, chacun gagne, une bougie à la main, la chambre qui lui est destinée. Une heure de la nuit, tout paraît reposer en paix dans la maison; hors Tonton qui, entendant gratter doucement, doucement à sa porte, saute de son lit à ce signal convenu pour courir à bas bruit ouvrir à la femme de chambre de son épouse, petite brune, grasse et piquante qui, depuis quelque temps, jouit de la prérogative de venir chaque nuit lui réchauffer les pieds. Tonton, par malheur, a usé au dîner d'un peu d'intempérance; aussi, en ce moment, éprouve-t-il une colique insupportable que la douce chaleur de sa compagne de lit ne peut parvenir à calmer; alors, forcé d'abandonner sa brunette pour un instant, il se relève, passe un simple caleçon, et muni d'une bougie, il sort, laissant la porte entr'ouverte, en murmurant de la mésaventure.

Mais, comment se fait-il que M. Coçue court aussi à travers les couloirs à cette heure et sans lumière encore? Aurait-il aussi la colique? Non, le scélérat banquier, abusant de l'hospitalité, cherche en ce moment la chambre à coucher de la maîtresse de la maison, et ne rencontre que la chambre de Tonton, où il se faufile après en avoir fermé la porte.

— Est-ce vous, Monsieur? fait entendre une petite voix que le banquier croit reconnaître pour celle de Psyché.

—Oui, belle amie, répond-il, bas, bien bas, en se glissant dans le lit où deux bras amoureux l'enlacent aussitôt.

Un instant après, Tonton entièrement soulagé de son indisposition, cherchait à ouvrir la porte de sa chambre qu'il croyait, malgré son empressement, ne pas avoir entièrement fermée. Elle résiste, comment faire? frapper, impossible, sa femme repose si près de là.

— Maudite maladresse! comment faire? Parbleu, comme la femme de chambre, gratter; puis il gratte, gratte tant et tant, et sans succès, qu'il en use ses ongles jusqu'à la chair, et que la douleur le contraint de renoncer à ce manège. Où donc se réfugiera-t-il alors? eh! mais, dans la chambre de Théophile, le lit est assez grand pour deux, puis une nuit est bientôt passée, elles sont si courtes au mois de juin.

Il monte un étage, enfile un couloir, gagne à tâtons la porte du neveu du ministre, car le vent a depuis long-temps éteint sa bougie, puis frappe, refrappe sans être plus heureux qu'à la porte de sa propre chambre.

— Voilà un gaillard qui a le sommeil

terriblement profond, se dit le pauvre Tonton; et désespérant de trouver un gîte, craignant, en appelant ses gens et leur faisant ouvrir sa chambre, qu'on ne s'apperçoive avec qu'elle sorte de bassinoire il échauffe son lit, il gagne piteusement le salon et se jette sur un divan, où, sans sommeil, il achève la nuit en pestant et jurant contre la malencontreuse femme de chambre.

Le matin chacun s'éveille, Théophile s'échappe par la petite porte de l'alcôve de Psyché et regagne sa chambre; monsieur Coçue, à qui le jour a fait voir sa méprise, n'en paraît pas moins satisfait; et après un gros baiser appliqué sur la bouche de Suzanne, la femme de chambre, il va se fourrer dans son propre lit. Tonton court à sa chambre avec l'espoir de récompenser en l'espace d'une heure tout ce qu'il a perdu de plaisir, et n'y trouve plus personne; mais un lit encore bien chaud, dans lequel il se glisse en murmurant. A dix heures, Suzanne demandait son compte à Psyché , à la grande surprise du mari; à onze heures, monsieur Coçue, qui avait changé d'avis pendant la nuit, refusait à Tonton les actions promises la veille, et quittait la maison de son hôte en emmenant dans sa voiture et à ses côtés, la jeune femme de chambre. Midi, et madame Tonton, en grande toilette, prévenait son époux qu'elle partait de suite à Paris, accompagnée de Théophile qui ce jour même allait la présenter à son oncle le ministre. A deux heures de l'après midi, Tonton, d'une humeur massacrante et fort mécontent du commencement de cette journée, se rendait, enfoncé dans son cabriolet, au rendez-vous convenu la veille avec Albert, afin de la conduire chez mylady Betson. C'était à la bourse que l'époux de Psyché devait rejoindre Albert et où il le trouva pérorant et le visage enflammé, au beau mileu d'un groupe de joueurs et d'agioteurs.

— Vous voyez un homme désespéré, mon cher, depuis six jours, soixante-dix mille francs de perdus, sur lesquels, pour comble de disgrâce, il faut en payer cinquante, avant trois jours, à mon agent de change; et le diable m'enlève si je sais où les prendre, à moins d'engager tout ce que je possède et de faire maison nette.

— Peste! voilà un grand embarras pour vous, mon cher Albert; je voudrais être en fonds pour venir à votre secours, mais en ce moment on me pendrait pour un billet de banque de mille francs, répond Tonton d'un ton piteux.

— Allons! pas d'hypocrisie, de grâce, Tonton, vous me connaissez trop pour me prêter cet argent, et moi-même je vous assure franchement que je serais fort embarrassé de savoir comment vous le rendre, à moins que ce ne soit avec la fortune de mylord Betson ; ainsi, vous sentez tout ce que ma position à de critique et combien le temps me presse; ne différons donc plus à nous rendre chez la veuve, je brûle d'impatience de connaître l'impression que ma vue doit produire sur elle. A çà, vous vous rappelez nos conventions d'hier et sous quel titre vous devez me présenter? ajouta le jeune homme.

— Reposez-vous sur moi, du soin de bien conduire la chose. Et cela dit, ils quittent le temple de l'agiotage et se dirigent vers l'hôtel de la veuve de lord Betson.

— Dites à mylady que monsieur Tonton se fait un devoir de lui présenter monsieur le marquis de Saint-Hilaire, ami intime et inconsolable de son époux.

Et le valet à qui Tonton venait de parler ainsi, après les avoir fait attendre un instant au salon, revint les prendre pour les conduire chez Adrienne.

— Bonjour aimable dame, débute Tonton, d'un petit ton mielleux, en précédant Albert, et s'approchant de la jeune veuve qui, à leur entrée, a quitté sa place et le livre qu'elle tenait.

— Je vous présente, mylady, monsieur le marquis de Saint-Hilaire, un bon et sincère ami de feu votre époux.

— Vous étiez un ami de mylord Betson, monsieur?

— Oui, mylady, et j'ose dire ami inséparable; mais hélas, de quel coup affreux ne viens-je pas d'être frappé ! lorsque arrivant d'Espagne et posant le pied sur le sol de la France, où je comptais retrouver un homme qui m'était bien cher, j'apprends que l'inflexible mort vient de le ravir à une épouse chérie et à ma vive amitié.

— Croiriez-vous, belle lady, que monsieur le marquis, en me parlant ce matin du défunt, pleurait comme un enfant?

— Ah! monsieur, combien cette sensibilité fait l'éloge de votre cœur et prouve l'estime que vous inspirait mon époux.

— Betson était pour moi un frère, madame, ne vous étonnez donc pas de la vive douleur que m'inspire sa perte imprévue, répond Albert avec un langage tout plein de la plus vive émotion, et donnant à son visage l'expression de la plus sincère affliction.

— Tous ses amis doivent le regretter, ainsi que vous, monsieur, car lord Betson possédait de brillantes qualités.

— Et un bon cœur, madame : n'était-il pas le soutien des malheureux? que de bienfaits n'a-t-il pas répandu dans sa vie! ah! madame, c'est dans sa patrie, c'est à Londres qu'il faut entendre les louanges et les bénédictions des familles entières dont il était l'ami et le soutien. Mais moi, moi, madame, sans lui, que serais-je en ce jour? un homme ruiné, abattu par le malheur; car l'énorme banqueroute d'une maison dans laquelle j'avais imprudemment placé la presque totalité de ma fortune, allait me réduire à la misère, quand Betson, mon ami, votre epoux, apprenant mon malheur, vint lui-même me retrouver à Lisbonne, que j'habitais alors, et m'arracher à la plus profonde douleur; quatre ans après, grâce aux capitaux que m'avait prêté Betson, afin de travailler et de réparer mes pertes, je fus en état de restituer à mon ami son généreux prêt et de recommencer une heureuse vie.

— Je conçois que ce n'est qu'entre gens intimement liés qu'on se rend de semblables services, fait entendre Tonton en appuyant fortement sur l'intimité.

— Combien suis-je reconn issante envers monsieur Tonton, de me procurer le plaisir de connaître une personne qui, comme vous, monsieur, estimait et regrette mon époux.

— Ah! madame, s'il est pour ma douleur un peu de consolation, elle est toute dans le bonheur de retrouver et d'être accueilli aujourd'hui par l'épouse d'un homme qui me fut si cher.

— Hem! je ne sais pas trop, mylady, si vous devez ajouter grande foi à cette assurance-là, car lorsqu'en causant ce matin avec monsieur le marquis, je lui offris de vous le présenter, son adhésion à ma proposition se fit beaucoup attendre; enfin le chapitre des mais et des si était interminable, tant il craignait de vous être importun, de troubler votre douleur.

—Veuillez m'excuser monsieur Tonton, et croire que mon désir le plus sincère était l'exécution de votre obligeante proposition; mais n'ayant pas l'honneur d'être connu de mylady Betson, je craignais que cette démarche près d'elle ne fût taxée de liberté.

— Ah! monsieur, pouviez-vous le présumer! il est des personnes dont la présence ne peut jamais être importune, celle de nos amis surtout, et monsieur le marquis peut se regarder ainsi chez la veuve de lord Betson.

— Ah! madame, vous comblez mes vœux au-delà de mon espérance; heureux! cent fois heureux d'être trouvé digne par vous d'un titre si précieux!

— Oui, marquis, bien heureux vous êtes, car l'estime et la présence d'une femme aimable et belle est une noble faveur pour celui qui peut en jouir; mais ici mylady ne vous dit pas encore tout le bonheur qui vous est réservé, car il est un commensal de cette maison, un excellent jeune homme qui a nom Lucien, dont certainement vous ambitionnerez et obtiendrez l'amitié, n'est-ce pas, belle lady?

— Lucien! oh! oui! c'est un parfait ami, soupire Adrienne.

— Ah! madame, combien votre approbation aux qualités de ce jeune homme fait naître en moi le brûlant désir de le connaître. Dites, madame, dites, me sera-t-il permis de le voir bientôt?

— Je suis persuadé que l'intérêt que vous attachez à sa connaissance le flattera infiniment; mais je ne pense pas, monsieur, que Lucien vous en remercie avant deux mois, des affaires importantes devant le retenir à Londres tout ce temps encore.

— Ce jeune homme est un de vos parens, madame? demande Albert d'un air ingénu.

— Non, monsieur, mais un ami d'enfance à moi et le secrétaire de lord Betson, qui l'aimait et l'honorait de sa confiance entière.

— Un bon et loyal garçon, qui n'a pas été toujours aussi heureux qu'il mérite de l'être.

— Sort commun à bien des gens, répond Albert à l'observation de Tonton.

Encore un long laps de temps pendant lequel Albert, afin de s'insinuer le plus possible dans les bonnes grâces de la jeune veuve, déploya tout ce que l'hypocrisie et l'astuce ont de plus moëlleux. Enfin, lui et Tonton prirent congé d'Adrienne, après avoir édifié la pauvre dupe par leur faux semblant d'amitié et obtenu de sa propre bouche l'assurance que ce serait toujours avec un plaisir vif et nouveau qu'elle verraït leur présence chez elle.

—Eh bien ! mon cher Tonton, comment trouvez-vous que j'ai rempli mon rôle?

— D'une façon admirable ; et moi qui a juste titre se taxe d'adresse, je suis forcé, mon ami, de vous rendre les armes. Oh ! la veuve est à vous, j'en suis certain.

— Vous croyez ?

— Sans nul doute ! je parierais ma fortune contre cent francs qu'avant huit jours cette femme-là vous adorera.

— Franchement çà se pourrait ; au fait, ce serait jusqu'alors la seule qui me résisterait.

— Heureux coquin ! fait Tonton, savez-vous bien, ajoute l'ex-danseur, que vous êtes né pour le tourment de ce cher Lucien ?

— Pourquoi cet homme est-il assez maladroit pour se trouver sans cesse sur mon passage et en opposition avec mes volontés et mes désirs.

— Sûrement ! il y a des êtres en ce monde qui sont nés sous une étoile fatale et faits pour servir de victimes aux autres ; mais laissons ce pauvre garçon que nous abandonnons à son fatalisme, et dites-moi quel jour vous retournerez chez notre jeune veuve?

— Si j'écoutais mon impatience, ce serait à l'instant même, demain au plus tard, mais ce serait marquer un maladroit empressement et dans mon intérêt, le vôtre, je pense qu'il est utile de mettre le moins deux jours d'intervalle entre la visite d'aujourd'hui et celle que je me propose de lui rendre.

—Bien raisonné! Ah! çà, mon cher Albert, je pense ne pas avoir besoin de vous recommander de bien conduire l'affaire, d'y déployer tous vos moyens de séduction, enfin, d'être irrésistible près de notre belle lady.

— Ai-je besoin de toutes ces recommandations? et n'ai-je pas double intérêt à séduire cette petite?

— Double intérêt! reprit Tonton.

— Certainement, sa possession ne m'assure-t-elle pas amour et fortune?

— L'amour! oui, près de la veuve il sera en notre faveur un puissant auxiliaire, mais de votre côté, ce sentiment ne sera, je pense, autre qu'une comédie.

— Détrompez-vous, cette femme me ravit et m'enchante; jamais visage plus divin ne s'est offert à mes regards; et même sans sa fortune, sa possession serait encore un trésor que j'ambitionnerais.

— Peste! comme vous prenez feu, mon garçon; bravo! chance de plus pour la réussite, car jamais on ne peint mieux un sentiment qu'en l'éprouvant soi-même.

Après avoir fait un long bout de chemin ensemble, les deux fourbes se séparèrent avec promesse de se revoir le surlendemain, afin de pouvoir se communiquer les progrès de l'intrigue dont ils espéraient rendre Adrienne victime; avant de se quitter il fut aussi convenu que le plus grand secret serait gardé sur cette affaire à l'égard de Psyché, et que Tonton, par de faux rapports, empêcherait même les visites de sa femme à la jeune veuve, dans la crainte que cette dernière ne nuisît à leur plan par quelque indiscrétion ou quiproquos concernant Albert et le marquis de Saint-Hilaire.

Adrienne, restée seule après le départ des deux visiteurs, s'était laissée aller à une douce rêverie dont le souvenir de Lucien, toujours présent à sa pensée, faisait tout le charme. Oh! que l'absence de l'ami du cœur commençait à lui peser! pourquoi ce respect sacré qu'elle portait aux mânes de son époux enchaînait-il ses pas? combien, sans cela, elle courerait vîte au-devant de celui dont son cœur désire si impatiemment la présence; de celui que depuis si long-temps elle aime d'un amour si pur et si vif, d'un amour qu'en ce moment de deuil et de larmes, elle envisage comme un crime, mais dont elle ne peut réprimer la violence et le souvenir. Après un long moment consacré uniquement à Lucien, Adrienne reporta ses pensées sur le prétendu marquis de Saint-Hilaire; cet homme s'est emparé de son estime, ses regrets accordés par lui à la perte du lord, annoncent un cœur noble et sensible, un cœur aimant et reconnaissant; oui, elle et Lucien le recevront : car il paraît digne de toute leur confiance et de leur amitié; dès ce jour, Adrienne prétend instruire le pauvre exilé de la visite du marquis, lui dépeindre ce personnage, les bonnes qualités dont il paraît être doué et lui faire part de l'entretien qu'ils ont eu ensemble à cette première et inattendue visite.

« Les jours se passent, mon Lucien, l'ennui, les chagrins de ton amie augmentent chaque jour. Hélas ! faudra-t-il languir encore long-temps loin de toi ? oh reviens ! reviens, toi l'objet de toutes mes idées, de mes plus chères affections ; toi, mon unique consolation, tout ce qui me reste de précieux et cher au monde. Ah ! loin de nous la fortune, si les obligations qu'elle impose doivent nous séparer souvent ainsi. Que fais-tu, Lucien ? actives-tu cette ennuyeuse et interminable liquidation ? hâte-toi, au nom du ciel ! de restituer, à ceux qui ont droit, une fortune qui ne m'a encore causé que des regrets et des soupirs. Oui, mon ami, viens rendre toute la joie à mon âme ; et surtout, entre nous, plus d'absences, de séparations volontaires:

n'en aurons-nous pas à l'avenir assez d'inévitables à éprouver? reviens donc! car loin de toi je ne suis plus la même, et cependant en t'éloignant tu m'as laissé ton cœur; car la frêle enveloppe de l'âme immortelle peut être loin de nous, mais ce cœur passionné, ce seul lien de la vie pour l'être aimant, reste, il s'attache aux pas de l'objet aimé, il ne peut le quitter!.. Aujourd'hui, mon ami, une visite tout-à-fait inattendue est venue faire un instant diversion à ma tristesse et troubler le silence de la retraite où je souffre et gémis en t'attendant. Monsieur Tonton, la seule personne que jusqu'alors j'avais reçue depuis ton départ, m'a présenté monsieur le marquis de Saint-Hilaire, un ami intime de lord Betson; cet homme à un physique des plus avantageux, à une conversation douce et polie, joint une grande sensibilité d'âme.

Enfin! croirais-tu, mon Lucien, que moi qui chaque jour pleure la mort de lord Betson que j'aimais comme une fille aime son père, que je me sentais honteuse en présence de la douleur que manifestait le marquis, de la perte de son ami; oui, j'étais honteuse devant une douleur qui me semblait plus profonde, plus aiguë que la mienne. Dans la conversation, monsieur de Saint-Hilaire m'a fait part des nombreuses obligations dont il est redevable à mon mari qui, jadis, lui procura les moyens de réparer des pertes énormes et de sortir d'un état presque voisin de la misère où l'avait réduit la banqueroute d'un banquier infidèle. Tu penses bien, mon ami, que je ne pouvais recevoir qu'avec politesse un homme dont lord Betson avait fait son intime ami, un homme, enfin, qui se présentait chez moi avec tous les dehors de la plus exquise politesse; aussi, ai-je pensé qu'il était de mon devoir de l'engager à renouveler ses visites.

Monsieur Tonton, lui a parlé de toi en ma présence, sans oublier les excellentes qualités et l'estime que t'accordait mon mari. Ce panagrique aussi flatteur que mérité a fait naître en M. de Saint-Hilaire un vif désir de te connaître et d'acquérir ton amitié. Moi je suis certaine, mon Lucien, que la connaissance de ce marquis ne pourra que te flatter, car il paraît être un personnage comme tu les aimes, c'est-à-dire spirituel, sensible et bon. Telle est mon opinion, et je m'étonnerais fort si je la basais sur un faux semblant de bonhomie; en tout cas, je reverrai sans doute très prochainement cet homme, et te rendrai compte du résultat de mes nouvelles observations sur sa personne.

— Maintenant, dis-moi, es-tu enfin parvenu à te faire admettre chez les différens membres de la famille de lord Betson? as-tu d'un mot fait tomber à tes pieds cette morgue aristocratique qui leur faisait dédaigner de recevoir, en toi, l'émissaire de la grisette parvenue à qui ils ont tous juré de ne jamais pardonner l'affront fait par elle à leur noble nom, en osant devenir l'épouse de leur parent?

De grâce, réponds-moi vîte et longuement sur tout ce que je marque dans cette lettre; et surtout ne manque pas, mon Lucien, de m'indiquer positivement dans ta réponse combien de temps devra durer encore le supplice que me fait endurer l'absence de celui que je fais serment d'aimer, de chérir au-delà même du terme de ma vie. »

Tel fut le contenu de la missive tracée par Adrienne, et qu'elle fit partir le jour même pour l'Angleterre.

XII

Causeries.

— Quoi ! ma chère Adeline, après deux ans de liaison entre nous, toujours inquiète, violente et insensée? Vous, jalouse? Oh! ciel, ah! pardonnez, ma chère, cette hilarité, c'est que je ressens une indisposition de gaîté, il me prend de tels éclats de rire quand je vois des passions, des systèmes, de la fidélité en amour, que j'en suffoque par fois. Il serait cependant utile et sage de vous faire une raison, de vous convaincre qu'on ne peut être toujours amant. La constance, ma chère, n'est une vertu supérieure à toutes qu'en ce qu'elle combat les lois de la nature, que l'inconstance est seule une divinité réelle, un sentiment véritable que le ciel plaça dans notre cœur en le rendant accessible à mille passions. Quoi! ajouta Albert, parce que parmi cette quantité de femmes que je rencontre en tous lieux, j'en remarque quelques-unes, et que, galant chevalier, je m'empresse de rendre hommage à leurs charmes, de les admirer toutes sans en aimer aucune, vous prenez du dépit et jouez le désespoir en m'accablant de cent reproches outrageans !..—Quoi ! monsieur, vous joignez encore le sarcasme à votre cruauté envers moi, lorsque froissée de l'abandon où vous me laissez, je prends enfin le parti de vous en faire le reproche, Albert! avez-vous bien l'inhumanité de me traiter ainsi? mes soins, mes faveurs et ma fidélité n'ont-ils pas mieux mérité de votre part? et suis-je si peu précieuse pour celui qui m'est plus précieux que mon repos et ma vie, qu'il puisse envisager en raillant la douleur où me plonge son inconstance? Ah! vous ne m'avez jamais aimée, je le vois, car je sais trop bien comme on aime pour croire que des sentimens si opposés aux miens puissent s'appeler de l'amour. Hélas! voulez-vous donc, à force de mauvais procédés, éteindre en moi la passion qui m'empêche encore d'apprécier l'énormité des fautes que vous m'avez fait commettre? et n'est pas assez pour mon cœur affligé des remords qui, en silence, le persécutent avec une rigueur insupportable? Ah! mon ami, ajouta Adeline, passant subitement du dépit à la tendresse, et entourant le cou d'Albert de ses bras caressans, que ne devrais-je pas faire pour vous punir de vos froideurs! Il y a des momens où je suis si piquée contre vous que je souhaiterais en aimer un autre. Et cependant, je vous l'avouerai, au milieu de mon transport furieux, je ne vois rien au monde d'aimable que vous; hier même, que votre assiduité près de la femme qui cause mes craintes, devait vous ôter mille charmes à mes yeux. Eh bien! cachée dans la foule de la nombreuse réunion où se passaient ces choses, je ne pouvais m'empêcher d'admirer votre aisance, votre grâce séduisante à tromper une pauvre femme. Mille autres à ma place se seraient avancées près de vous, vous eût fait un affront public; mais moi aurais-je pu vous causer de la peine, lorsque même ma colère contre vous, n'est autre qu'un excès d'amour.

— Oui, tu es bonne, mon Adeline, et je t'aime, quoique tu en dises, plus que je n'ai jamais aimé d'autres femmes. Mais le malheur qui s'attache à nous, le peu de réussite que nous obtenons dans toutes nos entreprises de fortune, m'aigrissent parfois le caractère; et si, près d'une autre que toi, je vais par hasard offrir un encens banal, ce n'est absolument, ma chère, que pour m'étourdir et essayer de chasser de ma tête le souvenir des contrariétés qui l'assiègent.

— Ah! que ton excuse me fait de bien, mon ami! Hélas! j'ai si peur parfois que tu ne m'aimes plus, que tu m'abandonnes;

car, que deviendrais-je, alors? et mes enfans! mes pauvres enfans!

— Attends, attends encore, et bientôt je consentirai à ce qu'ils viennent près de toi : car alors tu seras à même de solder les soins de celle qui les élève et à qui il est dû quelque argent dont en cet instant il nous serait impossible de disposer.

— As-tu donc l'heureuse espérance de nous tirer de la gêne qui nous accable depuis si long-temps? demande Adeline avec empressement.

— Oui, répond Albert.

— Bientôt?

— Bientôt, mais pas assez à temps pour parer à l'avalanche de nos hideux créanciers qui, chaque jour, deviennent plus pressans et menacent de fondre sur nous d'un moment à l'autre.

— Hélas! soupire Adeline, encore des huissiers, de la honte et du dénuement!

— Assez de lamentations! ma chère, il faut agir et non pleurer; qu'est-ce qu'un instant de contrariété à subir, lorsqu'on est certain d'un long repos après? sache donc, larmoyante créature, qu'en ce moment je poursuis une affaire des plus magnifiques, dont la réussite nous mettra tous deux dans une riche et continuelle aisance, mais il nous faut avec résignation et patience en attendre le dénouement; et, jusque-là, savoir nous garantir de cette misère tant appréhendée par toi, c'est-à-dire t'occuper dès cette nuit, aidée par des agens sûrs et dévoués, de mettre une grande partie de notre mobilier en sûreté et à l'abri de la rapacité et des serres des huissiers, en le faisant transporter dans une petite maison louée par moi à ce sujet et sise non loin de celle-ci; plus encore, ce soir, aussitôt notre société retirée, de faire disparaître argenterie et bijoux...

— Oh! ciel, le danger est donc bien pressant? s'informe Adeline avec effroi.

— Peut-être; cela dépend du caprice d'un agent de change...

— Ah! je devine, Albert! vous avez encore joué à la Bourse?

— Eh bien! quand cela serait, ne suis-je pas le maître? s'écrie Albert avec dureté; puis, continuant sur le même ton, oui! j'ai joué et perdu une somme considérable, qui déjà devrait être remboursée; mais la chose est impossible, puisque nous ne possédons nuls fonds en ce moment.

— Et ce soir vous donnez soirée; quel sang-froid! quel aplomb! fait Adeline avec surprise.

— Oui, ce soir je donne soirée; la dernière, peut-être, parce que j'espère dans son produit; parce que le chevalier de Clamsy, ce provincial, ce joueur si niais, me doit une revanche du bonheur insolent qu'il eut la dernière fois que nous jouâmes ensemble, et que je compte ce soir réparer les pertes qu'il m'a fait éprouver : or donc, ma chère, fais tout disposer pour la réception de nos invités; et, chassant de ta pensée toutes craintes chimériques, rappelle sur tes lèvres ce charmant sourire qui sait si bien captiver l'esprit et le cœur de chaque mortel qui t'admire.

Adeline, dont les chagrins et les craintes venaient de fléchir devant le raisonnement et la fermeté d'Albert, se rendit à son invitation et fut donner ses ordres pour que la réception de la soirée fût des plus brillantes. Quant à Albert, après avoir passé une heure à sa toilette et promis à Adeline d'être de retour pour le dîner, il s'élança dans un cabriolet et se fit conduire à la demeure de lady Betson: autrement dire, chez notre jeune Adrienne.

— Soyez le bien-venu, monsieur le marquis, veuillez vous asseoir.

Ainsi parlait la jeune veuve en accueillant Albert avec aménité, et lui indiquant un siége qui se trouvait près de celui qu'elle venait de quitter pour recevoir le visiteur; puis, après les complimens d'usage :

— Daignez excuser, madame, l'empressement que je mets à profiter de votre gracieuse permission ; passant devant votre porte, je n'ai pu résister au désir de venir vous offrir mes respects et mes salutations.

— Cet empressement, monsieur, à me rendre visite, me prouve l'intérêt que vous voulez bien prendre à la veuve de votre ami, et ne peut que l'honorer infiniment.

Alors, ici s'entama une longue conversation où Albert s'étendit effrontément de nouveau et longuement sur les qualités du défunt, sur l'extrême amitié qui les unissait tous deux, bien persuadé que l'Anglais ne sortirait pas de la tombe pour lui jeter un démenti à la face. Puis après, afin d'arriver au but qu'il se proposait, le jeune homme, qui déjà avait suivi le caractère d'Adrienne, passa de l'oraison funèbre à la définition du cœur humain, afin de pouvoir, par ce détour, aborder sans une trop forte transition le chapitre amoureux qu'il avait hâte d'entamer.

— Si jeune et si belle, digne de captiver les hommages de ceux qui vous voient, faites-vous le cruel serment de rester insensible et de persévérer à vivre dans un froid et stérile veuvage? fit-il entendre enfin.

— Excusez l'embarras que fait naître en moi votre question, monsieur; mais pour ne point la laisser sans réponse, je vous dirai qu'il ne m'a pas semblé possible jusqu'alors d'interroger mon cœur à cet égard; et dans l'état actuel où est placée mon âme, s'il était nécessaire de décider cette question à l'instant, je répondrais de suite que je désire mourir la veuve de lord Betson; mais autrement, je ne puis vous répondre qu'une chose : c'est que le temps ébranle souvent la résolution la plus ferme, et que je ne puis répondre de l'avenir.

— Voilà, madame, ce qui s'appelle un sage raisonnement; mais, sans être doué d'une seconde vue, sans être pourvu d'une science surnaturelle, il est facile, croyez-moi, de prédire l'avenir d'une personne aussi accomplie qu'est la vôtre, d'une personne qui joint à la jeunesse, à une beauté des plus parfaite, une fortune brillante. Veuve d'un homme estimable, mais dont l'âge ne pouvait vous inspirer que des sentimens d'amitié, de respect et de reconnaissance, votre cœur est donc resté jusqu'alors étranger à l'amour et aux charmes qu'il inspire? et vous n'ignorez pas, madame, que rien ici-bas n'échappe à la puissance de ce maître suprême; que, tôt ou tard, il faut subir sa loi. Ainsi donc! vous si bien faite pour devenir l'ornement de la société, dans ces brillans salons où l'on enviera votre présence, se formera sur vos pas une foule d'adorateurs; dans le nombre, il se trouvera plus d'un cavalier accompli, et parmi, celui que l'amour aura désigné pour votre vainqueur. Alors, malgré vous, malgré tous les in-folio de votre raison, un tendre et précieux sentiment envahira votre cœur, l'enivrera d'une nouvelle existence; et après un noble combat, une ferme résistance, il vous faudra rendre les armes à votre heureux vainqueur. Vous aimerez alors, madame, et, pleine de joie, d'amour et d'ivresse, envieuse de combler les désirs d'un tendre amant, vous accepterez les chaînes qui lieront votre destinée à la sienne.

— Je conviens, monsieur le marquis, que votre gracieuse prévision peut devenir une réalité; mais, à mon égard, elle pèche grandement sur un point, c'est que, si jamais il me prenait la fantaisie de former un autre nœud, ce ne serait point dans le tourbillon d'une société nombreuse, parmi toutes les figures composées, les masques imposteurs qu'on rencontre dans le grand monde, que je voudrais choisir un époux, mais bien au milieu d'un petit cercle d'anciens et bons amis, après une étude longue et profonde du cœur de celui à qui je désirerais enchaîner ma destinée.

— Eh ! madame, ce sage raisonnement est celui d'un cœur qui ne ressent pas les atteintes de l'amour ; car ce sentiment n'admet nullement l'esprit d'analyse, il s'empare de suite de notre jugement, et ce n'est qu'à travers un prisme flatteur qu'il nous permet de contempler celui ou celle à qui il veut nous unir de cœur et d'âme.

— Une fois qu'on aime, madame, ce qui se décide du premier instant et dépend du premier coup-d'œil, c'est perdre un temps précieux que celui qu'on passe à vouloir étudier le plus ou le moins de bonnes qualités que possède l'objet qui nous captive. Je vous le répète : chez lui nul défaut, à peine lui accorde-t-on seulement quelques faiblesses; enfin, en pareilles circonstances, le manque d'esprit nous semble timidité ; la paresse, une douce indolence; l'avarice, de l'économie; l'impertinence, de la franchise.

— Eh bien! moi, monsieur, je ne puis, en vérité, comprendre cette passion que vous dites naître d'un premier coup d'œil, et je plaindrai bien sincèrement celle qui se laisserait séduire et captiver ainsi par de simples dehors. Je conviens qu'un physique agréable et de nobles manières nous disposent assez souvent, nous autres femmes, favorablement envers celui que la nature a doué de ces avantages; mais, appellerez-vous cette disposition de l'amour, et de l'amour tellement irrésistible, qu'il ne nous soit plus possible de bien juger après des qualités morales?

— Malgré votre incrédulité, madame, sur la possibilité d'une passion subite, il vous sera plus facile qu'à toute autre de vous en convaincre.

— Comment cela, monsieur?

— En daignant écouter les plaintes, les soupirs de tous les malheureux, que doit faire votre divine présence, vous, madame, qu'on ne peut voir une seule fois sans connaître l'amour; vous, dont il n'est pas d'expressions assez fortes pour dépeindre la beauté, substance aérienne et céleste.

— Ah! monsieur! exclame Adrienne intimidée.

— Hélas! ne suis-je point déjà la victime de vos charmes incomparables? moi, qui dès le premier instant où vous apparûtes à ma vue, ai été frappé, ravi et saisi d'un trouble indéfinissable; moi qui, dans vous, aperçus de suite l'idole que je me suis faite, la femme de mon imagination.

— De grâce, monsieur, cessez ce langage.

—Oui, vous avez raison, divine Adrienne, je dois me taire et souffrir en silence; j'oubliais que pour l'infortuné Saint-Hilaire il ne doit point exister de bonheur parfait. Oh! pardonnez, madame, cet élan de mon cœur; en vous, il me faut respecter la veuve d'un ami : croyez bien qu'à l'avenir je saurai comprimer dans mon cœur tous aveux dictés par ma brûlante passion; à l'avenir, madame, vous admirer, me taire et souffrir, telle sera ma conduite.

— Ah! monsieur, pourquoi venez-vous d'empoisonner par la contrainte le plaisir que j'éprouvais à vous entendre?

— Au nom du ciel! madame, oubliez, en faveur de mon repentir, la faute de mon cœur, et croyez que, désormais, mon respect envers vous égalera ma secrète admiration.

Ici tomba la conversation; car, chez Adrienne, la crainte et la gêne avaient remplacées la confiance et l'abandon. Cependant Albert, avant de se retirer, à force de soumission et de respect, finit par obtenir la permission de continuer ses visites, moyennant que dans leur conversation il ne serait désormais question d'autre sentiment que celui de l'amitié. Après avoir quitté Adrienne, et en sortant de l'hôtel, le jeune homme fût se jeter dans Tonton, qui longeait pédestrement le faubourg Saint-Honoré.

— Rencontre fortunée! car je devine que vous sortez de chez notre riche mylady! dit Tonton d'un air joyeux et en se frottant les mains de satisfaction.

— Vous devinez juste.

— Eh bien! quoi de nouveau! les affaires avancent-elles? et mes 250,000 fr. commencent-ils à mettre le nez hors du sac?

— Peste! quelle hâte, mon cher, croyez-vous donc la conquête si facile?

— Non pas; je sais la petite un peu sauvage, et apprécie parfaitement toutes les difficultés de l'entreprise; plus même, car, je désespérerais de son succès avec tout autre moins renard que vous; je suis seulement curieux de connaître un peu les préliminaires de la séduction.

— D'abord, un long avant-propos, afin d'arriver au but sans trop brusquer ni effaroucher la petite prude; puis, un aveu formel de ma flamme...

— Hi! hi! hi! et la petite d'ouvrir de grands yeux, de sourire en rougissant, n'est-ce pas? dit Tonton en riant.

— Pas du tout, mais une invitation claire et nette de ne jamais lui reparler de ma passion sous peine d'un bannissement perpétuel.

— Ah! bah! fait Tonton en pâlissant. Diable! diable!... et vous tenez-vous pour battu?...

— Se décourager pour une si mince défaite, serait-ce là le fait d'un habile général? Non pas, lorsqu'une femme a reçu de ma bouche l'aveu d'un amour feint ou véritable, elle doit m'appartenir; car alors l'amour-propre devient l'auxiliaire de l'intérêt, lorsqu'intérêt il y a.

— Et ici, il y a intérêt et intérêt majeur; or donc, mon cher Albert, en avant les grands moyens, point de quartier pour l'ennemi, assaut général...

— Puis ensuite la fortune pour butin!

— Oui! la fortune pour butin! reprend

l'ex-danseur d'un air conquérant; alors, à quand l'assaut, ajouta-t-il.

— Lors de la première circonstance favorable.

— Pensez-vous qu'elle se fasse longtemps attendre?

— Non, je ne le pense pas.

— Tant mieux... mais, dites-moi, si la veuve devait faire encore la récalcitrante?...

— Panique, mon cher, de gré ou de force je serai heureux.

— Hum! la violence! fait Tonton.

— Que voulez-vous, j'ai la rage désespérée de ce genre de triomphe; d'ailleurs, je me fais fort de rendre ensuite notre petite prude plus douce, plus tranquille, que Lucrèce après sa mésaventure; et, cela, en employant près d'elle toute la rhétorique du plaisir, tout l'art de la volupté, afin de linifier son courroux.

— Aimable scélérat!! oh! le friand morceau! que de faveurs, mon cher, vous sont promises!

— Allons, mon cher Tonton, point de pensées luxurieuses. Ah! çà, vous n'avez sans doute pas oublié que vous dînez aujourd'hui chez moi, rappelle Albert.

— Je n'ai garde, votre maison me plaît trop pour cela; cependant, je n'ai pas à me louer infiniment d'une des deux connaissances que j'y ai faite.

— Vraiment, et de laquelle?

— De cet impertinent banquier, ce monsieur Coçus, qui s'est permis de séduire et d'enlever la femme de chambre de mon épouse.

— En vérité!

— Comme j'ai l'honneur de vous le dire, même de mettre cette petite Suzanne dans ses meubles.

— Si la jeune fille est adroite, je ne doute pas qu'elle hâte la ruine du cher homme déjà fort mal dans ses affaires.

— Comment, fort mal dans ses affaires! mais vous me l'aviez assuré riche comme Crésus.

— Oui, jadis; mais les femmes et le jeu ont fortement contribué à alléger chez lui le fardeau de la fortune.

— Diable! mais c'est fort maladroit de me tromper ainsi, et de me donner un homme ruiné pour millionnaire; ne pouviez-vous me faire la confidence de sa position ?

— Non, je n'aime pas à abaisser les gens que j'admets chez moi.

— Je vous pardonne celui-là en faveur de ce cher Théophile, jeune homme charmant et d'une obligeance extrême.

— Ce petit bon homme que, depuis la

rencontre que vous en fîtes chez moi, on voit sans cesse avec votre femme?

— C'est çà même; ils postulent ensemble. Oui, le jeune homme sollicite pour moi près de son oncle le ministre.

— Quoi! ce petit mirliflore est le neveu d'un ministre? Je le croyais fils d'un épicier de province.

— Cela ne prouve rien, mon cher, maintenant que les épiciers eux-mêmes deviennent ministres.

— C'est juste! mais, qu'avez-vous donc fait de votre cabriolet?

— Ma femme a jugé convenable de le prêter ce matin au petit Théophile pour diverses démarches à faire au sujet de ma demande près de son excellence le ministre.

— Alors, marchons jusqu'à votre demeure, afin d'y prendre Psyché, car voici l'heure de nous rendre à Auteuil, où bientôt nombreuse société va nous attendre.

— Inutile d'aller chez moi, ma femme est absente et a dû passer la journée en courses avec Théophile.

— N'importe! allons y tout de même, j'ai besoin que vous me prêtiez cent louis pour quelques jours, et je ne pense pas que vous les ayiez sur vous.

— Cent louis! répète Tonton avec effroi et ouvrant de grands yeux, parole d'honneur je ne les ai pas en ce moment à ma disposition.

— C'est fâcheux alors, car le manque de cette somme va me contraindre à quitter Paris dès demain, afin d'échapper aux poursuites d'un créancier intraitable, et nous risquons de perdre pendant ce temps, la riche proie que nous promet la conquête de la petite veuve.

— Diable! diable! fait Tonton en se

grattant l'oreille, est-ce votre agent de change qui vous poursuit ainsi?

— Non! je me suis arrangé avec lui, il m'accorde du temps, c'est mon tailleur, le scélérat me harcelle d'une manière implacable, il ne s'agit rien moins que d'une prise de corps. Ainsi donc, mon cher, adieu la fortune de mylady!

— Du tout! il y aurait folie à compromettre un si noble denier; allons chez moi, je me rappelle avoir mis en réserve à peu près la somme qui vous est nécessaire, mais, mon cher ami, soyez exact à me la restituer.

— Fiez-vous à ma parole. Et un instant après, Albert en échange d'une lettre de change payable à vue, et exigée par Tonton, mettait en poche les cent louis d'or.

VII

Double violence.

Huit jours se sont écoulés depuis ces derniers faits, et dans cet espace de temps, Adrienne a reçu deux visites d'Albert à qui elle a presque pardonné son coupable aveu en faveur de la modération, de la noble conduite qu'il a tenu dans ces dernières entrevues. Selon son habitude, la jeune veuve est seule et retirée au fond de ses appartemens, dans un élégant cabinet formant boudoir; il est sept heures du soir, la chaleur est suffoquante, le ciel brillant de ses milliers d'étoiles. La fenêtre est ouverte et donne sur un vaste jardin, près de laquelle Adrienne travaille à un ouvrage à l'aiguille. Ce jour est un dimanche, et les valets assemblés sur la porte de l'hôtel, se livrent à des jeux bruyans; la porte du boudoir s'ouvre subitement et Albert paraît aux regards étonnés d'Adrienne, sans qu'aucun bruit, aucune annonce ne l'ait prévenue de cette brusque et inattendue visite.

— Vous à cette heure, monsieur de Saint-Hilaire!.. dit la jeune femme presque tremblante.

— Oui, madame, puis-je mieux employer ma soirée, que de venir près de vous ?..

— Merci, monsieur, de votre réponse flatteuse, mais je vous prierais de vouloir bien remarquer que cette soirée est fort avancée, reprend Adrienne en indiquant la pendule dont l'aiguille marque en cet instant neuf heures et demie.

— Ce n'est que trop vrai, madame, aussi, dépend-il de vous de rendre bien court le doux moment que je désire passer en votre compagnie.

— Comment se fait-il donc qu'aucun de mes gens n'ait annoncé votre visite, monsieur?

— Tous réunis dans votre cour, madame, aucun d'eux ne m'a vu passer.

— Entrer ainsi chez une dame, ah! monsieur le marquis, vous avouerez avec moi que ceci froisse un peu les convenances ?..

— Oui, madame, je conviens de mon tort, mais rencontrant vos appartemens déserts, me fallait-il redescendre et perdre un temps précieux lorsque je brûlais du désir d'être auprès de vous? En disant, Albert prenait un siége, et venait se placer près d'Adrienne.

— Quel délicieux boudoir, fait entendre le visiteur.

Adrienne ne répond pas, la présence de cet homme la gêne pour la première fois, cette action hardie de se présenter chez elle à cette heure, de la surprendre dans sa retraite, l'indispose et lui cause une vive inquiétude.

— Hélas! je remarque avec peine qu'un léger nuage semble obscurcir l'éclat de vos beaux yeux, serai-je assez malheureux, divine Adrienne, pour l'avoir fait naître? ah! pardonnez à ma témérité et ne voyez dans cette surprise dont vous pouvez avoir à vous plaindre, que l'extrême impatience d'un homme, ivre d'amour pour la plus belle et la plus parfaite des femmes.

— Vous oubliez sans doute, monsieur, qu'un langage semblable, faillit déjà rompre toutes liaisons entre nous, et que je ne vous pardonnai que sur la promesse de ne jamais me le faire entendre à l'avenir?

— Cruelle! osez-vous, bien exiger que je renferme dans mon cœur une passion qui le brûle et le dévore? quoi! vous voulez que ma bouche reste muette en présence de tant de charmes, lorsque leur vue trouble ma raison, et malgré moi arrache de mon cœur un aveu que je ne puis maîtriser.

— Je vous plaindrais bien sincèrement, monsieur, si je pouvais ajouter foi à la sincérité d'une passion si subite, d'une passion que je ne pourrais payer d'aucun retour.

— D'aucun retour! hélas! mais ce mot cruel, madame, savez-vous qu'il me met au désespoir? qu'ai-je donc fait pour démériter ainsi de vos faveurs, vous aimer, oser vous le faire entendre, est donc un crime à vos yeux? cependant, quoique vous me fassiez l'injure d'en douter, mon langage en ce moment est celui du cœur, celui d'un amant tendre et délicat...

— Aussi, monsieur, n'est-ce pas des expressions qu'il renferme dont j'ose me plaindre, mais du sentiment qu'il exprime.

— Est-ce à vingt ans, madame, et lorsqu'on surpasse en beauté, tout ce que l'imagination peut créer de plus parfait, qu'on doit s'offenser de l'expression d'une passion que votre seule présence doit inspirer à tous.

— Je sais, monsieur, que lorsqu'une femme est douée de quelques avantages physiques, elle doit s'attendre aux mille flatteries de votre sexe, à des propos d'amour plus ou moins sincères, mais lorsqu'ainsi que moi, elle regrette depuis trois mois seulement, la perte d'un époux, elle doit trouver étrange d'entendre un homme, se disant ami de ce même époux, troubler la douleur de sa veuve, par un aveu que la bienséance devrait retenir sur ses lèvres.

—Eh! madame, est-il donc si facile d'imposer silence à un amour tel que vous l'inspirez? Oui, je conviens que j'aurais dû me taire, donner au temps le soin de cicatriser la plaie, qu'a fait en votre cœur la perte d'un époux; mais, madame, lorsqu'on aime ainsi que je vous aime, les jours sont des siècles interminables, attendre, c'est mourir mille fois.

— Pardon, monsieur le marquis, mais je me sens indisposée et désire être seule, fait entendre Adrienne.

Ces mots, portent le dépit et le découragement dans l'âme du jeune homme. Quoi! se serait-il flatté en vain d'un triomphe facile? échouerait-il près d'un enfant? Non, car s'il s'éloigne, partie perdue, et pour lui alors, fuite et misère. Oh! décidément, il faut qu'elle lui appartienne, que demain ce soit elle qui demande grâce et pitié.

— M. de Saint-Hilaire ne m'a pas fait l'honneur de m'entendre? reprend la jeune veuve.

— Oui, je vous ai entendu, madame, mais n'espérez pas que je m'éloigne avant d'avoir obtenu de votre bouche, un mot d'espérance et de consolation.

— N'y comptez pas, monsieur, car je

le répète, je ne puis accepter l'hommage de votre cœur, ce serait donc lui mentir et faire naître une espérance trompeuse.

— Alors, dites-donc franchement, madame, que le vôtre rempli d'une autre passion, ne peut en admettre une nouvelle, dit Albert avec aigreur.

—O ciel! qu'osez-vous dire, monsieur! s'écrie Adrienne, tremblante et fixant sur Albert un regard où se peint l'inquiétude.

— La vérité, madame, pensez-vous donc que j'ignore la passion qui vous unit au secrétaire de feu votre époux, passion coupable, qui prit naissance au chevet de lord Betson mourant.

— Ah! monsieur!!...

— Ainsi, madame, interrompt Albert, sous un faux semblant de modestie et de douleur, vous repoussez ma flamme et me désespérez, pour rester la maîtresse d'un homme marié, d'un homme dont vous fîtes votre amant sous les yeux d'un époux.

—Mais c'est affreux, monsieur, ce dont vous m'accusez là, dit Adrienne en larmes et cachant sa rougeur dans ses deux mains.

— Et lorsque moi, libre et fortuné, je vous offre mon cœur, de devenir votre époux, votre protecteur dans le monde, vous m'accablez de dédain. Non, n'espérez pas me braver impunément; car, repoussé par vous, je provoque votre indigne amant et lui arrache une existence qui souilla l'honneur de mon ami.

— Arrêtez! arrêtez, monsieur. Ah! ne m'accablez pas ainsi; non, je ne suis pas coupable, je n'ai point flétri l'honneur de mon époux, croyez-moi, car j'en prends à témoin le Dieu qui nous entend.

— Calmez ce désespoir, belle Adrienne, et pardonnez un odieux transport inspiré par votre cruauté et l'affreuse jalousie; oui, vous êtes pure, chaste, puisque votre bouche divine daigne me l'assurer; mais par pitié! oubliant un homme indigne de vous, jetez sur moi un regard de pitié; c'est à vos pieds, tremblant, rempli d'amour et de crainte, que j'implore un de vos regards, un mot consolateur.

— Relevez-vous! relevez-vous, monsieur, vous me faites mourir! s'écrie Adrienne les mains jointes.

—Moi, te faire mourir, astre divin! Ah! vis, vis! pour que touché de mon amour, ce soit dans tes bras, sur ton sein que moi-même puisse trouver une mort d'amour et de volupté.

En disant, Albert entourait de son bras, la taille de la jeune femme, l'attirait sur sa poitrine ; puis, sa bouche audacieuse, cherchait la sienne que par mille efforts la pauvre Adrienne tâchait de soustraire à ses odieuses caresses, fatiguée d'une lutte inégale, n'osant appeler ses gens, l'infortunée sent ses forces défaillir. Albert croyant toucher au triomphe certain, dépose sur un divan un corps qu'il croit entièrement privé de connaissance, et pour éviter toutes surprises, s'élance dans la pièce précédente, afin d'en fermer les issues ; mais, durant cet éclair d'absence, Adrienne, réunissant le peu de forces qui lui restent, se traîne péniblement jusqu'à une porte secrète, masquée par les plis nombreux de la tenture et s'échappe du boudoir ; à peine a-t-elle disparue, qu'Albert se précipite dans la pièce et vers le divan où, à sa grande surprise, ses yeux ne rencontrent plus personne.

Malédiction !! s'écrie-t-il en tournant ses regards autour de lui, par où a-t-elle donc fui? puis il cherche, il tâte autour de la pièce, découvre la porte secrète et s'efforce en vain de l'ébranler, et rempli de rage, de désespoir, tombe pâle et tremblant sur une chaise. Un instant après, des coups réitérés se faisaient entendre dans la pièce voisine, Albert, que ce bruit arrache à la stupeur dans laquelle il est plongé, et entendant qu'on se dispose à enfoncer la porte, compose son visage et armé d'un regard ferme et imposant, ouvre aux deux valets qui se présentent à lui, et sans donner le temps à ces gens, de lui signifier l'ordre de leur maîtresse, d'un geste impératif il leur commande le passage et s'éloigne d'un pas ferme.

Albert s'éloigne à grands pas, après avoir long-temps marché il a atteint les ponts, puis la rue du Bac, puis celle de Verneuil, et s'arrêtant à la petite porte d'une maison, sise dans cette dernière rue, Albert en tourne le marteau et enfile une longue et obscure allée, parvenu au troisième étage, une autre porte s'ouvre à son léger frappement.

— C'est vous, mon ami, j'étais inquiète de ne vous avoir pas vu de la journée, fait entendre Adeline.

— Inquiète! c'est avoir du temps à perdre, et depuis quand ne suis-je plus libre de m'absenter sans que madame y trouve à redire?

— Ah! mon ami! je suis loin de blâmer vos actions, mais je ne puis m'empêcher de trembler lorsque vous êtes loin de moi, je redoute tant pour vous la rencontre de vos créanciers, ces gens vous poursuivent avec un tel acharnement, hélas! après avoir trompé notre prévoyance, nous avoir tout pris, ne devraient-ils au moins, avoir pitié de nous.

—Oui, tout pris, tout vendu! les chiens! et cela, grâce à toi, à ton inexcusable maladresse, de faire emporter à la face du soleil, des objets qu'il fallait soustraire avec mystère et prudence; aussi, maintenant ne possédons-nous plus rien de notre aisance passée, rien, que le misérable mobilier qui garnit ce galetas; et dont un clerc de procureur ferait fi!

— Pour me dédommager de l'ennui de cette journée, ne consentirez-vous pas, mon ami, à partager avec moi le repas que je viens de préparer?

— Non, mange si cela te plaît et laisse-moi en repos!

— Albert! pourquoi rebuter ainsi ta compagne! que t'ai-je fait? quoi donc, ce soir, te rend si maussade, aurais-tu appris quelques mauvaises nouvelles?

— Non, rien; que pourrait-il nous arriver de plus, ne sommes-nous pas réduits au dernier degré de l'infortune?

— Hélas! je te l'ai prédit vingt fois cette funeste position, mais tu repoussas sans cesse les conseils de ton amie, dit Adeline avec tristesse, puis, s'approchant d'Albert, qui assis près d'une table tient sa tête appuyée dans ses deux mains, allons, loin de toi ce découragement, mon Albert, nous sommes jeunes encore, espérons tout de l'avenir et de notre intelligence; écoute, mon ami, je possède un état, eh bien! s'il faut l'exercer pour te retirer de la peine, dis un mot et aussitôt Adeline obéira.

— Ton état! fait Albert en haussant les épaules de pitié. Non, non; ce n'est pas là ce que j'exige de toi, il me faut de ta part une preuve d'intérêt plus grande encore.

— Explique-toi, Albert, et je suis prête à tout faire pour te convaincre de mon dévouement.

— Ah! la chose est extrême, je t'en préviens.

— Mais, dis-donc?

— Eh bien! c'est de nous séparer.

— Mon Dieu! que dis-tu, nous séparer?

— Oui, ma chère, nous séparer et rentrer avec ton époux.

— Oh! ciel! osez-vous bien me faire une pareille proposition : nous séparer, rentrer chez mon époux; mais vous ne m'aimez donc pas, monsieur, pour me porter un tel coup?

— Allons, enfant, pas de drame, je t'en prie : oui, cela devient nécessaire, de la dernière urgence; mes moyens actuels, mes ressources à venir ne me permettent plus d'entretenir une femme : une plus longue liaison entre nous paralyserait totalement mes projets, et franchement, ma chère, ne me sentant nul goût pour végéter en ce monde, il n'y a pas de sacrifice dont mon cœur ne se sente capable afin d'échapper à la médiocrité; imite-moi, Adeline, et, prenant ton parti gaîment, allons chacun de notre côté à la recherche de la fortune.

Adeline écoute, mais non sans verser d'abondantes larmes, la main appuyée sur son cœur que déchirent cruellement les paroles d'Albert.

— Voyons, réponds faible créature, qu'as-tu fait de ton ancienne énergie? Le conseil que je te donne en ce moment n'est-il pas de la morale la plus pure? rendre une femme à son époux, la remettre dans le chemin de l'honneur et de ses devoirs; mais c'est superbe de ma part!

— Indigne! osez-vous bien railler en un semblable moment, lorsque vos paroles me tuent? et mes enfans! mes pauvres enfans! que deviendront-ils?

— C'est juste, je ne pensais pas à ces chers bambins; mais je ne les vois nullement à plaindre, n'ont-ils pas deux pères pour un; quant à moi, je t'engage, ma chère, à en faire hommage au plus riche des deux, et ce n'est certainement pas moi qui, en ce moment, possède ce précieux avantage.

— Albert! Albert! grâce, au nom du ciel! Ne torture pas ainsi une pauvre femme que son amour pour toi a rendu la plus coupable comme la plus malheureuse. Oh! je te le jure, puisque je te suis à charge, puisque j'ai perdu ton amour, ce bien si précieux à mon cœur, je ne tiens plus à la vie, et à l'instant même je mettrais fin à ma triste existence, si mes chers enfans n'avaient besoin des secours et des caresses d'une mère...

— Calme ce transport inutile, et daigne m'entendre encore. Oui, il faut nous séparer, c'est-à-dire que, pendant un certain laps de temps, je cesserai d'habiter avec toi cette modeste chambre, la nuit surtout! car il ne s'agit rien moins que d'une sommation à ton époux, afin de te faire recevoir par lui sous le toît conjugal; plus, de ta présentation à son domicile.

— Mais, quelle est donc votre intention en me faisant entreprendre cette humiliante démarche, demande Adeline avec effroi et fixant sur Albert un regard inquiet.

— De te faire, par devant témoin, répudier de ton mari, et le contraindre à te fermer sa porte.

— Mais encore, à quel sujet?

— Tu le sauras plus tard, lors de l'accomplissement de cette démarche.

— Qui ne s'effectuera pas, monsieur, êtes-vous donc si peu avare de honte à mon égard que vous m'en abreuviez sans cesse? Non! non! assez d'humiliation comme cela; je vous refuse.

— Alors, entre nous un adieu éternel, répond Albert.

— Je m'y soumets, monsieur.

— Et tes enfans?

— Je travaillerai pour eux.

— Tu n'auras pas cette peine, car, rebelle à mes volontés, tu ne dois plus les revoir; je m'en empare.

Adeline n'a plus la force de répondre, tant les larmes suffoquent sa voix; ses bras seulement se lèvent supplians vers son bourreau, ses genoux fléchissent, puis elle tombe sans connaissance, et sa tête va frapper le carreau.

— Cède, cède à mes volontés, et tu seras leur mère, et chaque jour tu les presseras sur ton sein, leurs lèvres caresseront ton visage, leurs mains enfantines ta brune chevelure, leurs bouches bégaieront ton nom et le mien; consens-tu, maintenant? Réponds! réponds, Adeline, et ton consentement nous préparera encore d'heureux jours près l'un de l'autre!

Ainsi disait Albert, après avoir déposé l'infortunée sur le lit, et en lui prodiguant quelques secours.

— Oui, oui, pour mes enfans! rien que pour mes enfans, murmure enfin la pauvre mère.

Et Albert de sourire à son triomphe.

XIV.

Deux mois après.

— Ma foi, chère nièce, je t'en félicite; oui, cette petite maison de campagne est charmante; je te loue d'en avoir fait l'acquisition et d'habiter un aussi charmant séjour. Sablonville! mais c'est délicieux;

puis, à deux pas de la capitale, du bois de Boulogne; franchement, je me plairais infiniment ici.

— Mais, bon oncle, il ne tient absolument qu'à vous de venir vous y installer avec Lucien et moi.

— Je sais bien, ma chère Adrienne, que les bons soins et le bonheur m'attendent auprès de vous; mais, fidèle à ma parole, je ne puis jouir de tous ces avantages avant trois ou quatre mois : alors j'aurai réalisé la somme que je convoite depuis long-temps et qui doit assurer une douce aisance à cette pauvre Adeline, si jamais le besoin la ramène près de moi.

— Eh! mon oncle, ne suis-je pas assez riche pour venir moi-même à son secours, sans vous fatiguer à prendre ce soin?

— Oh! je sais que tu as un cœur excellent; mais enfin, un peu d'un côté, un peu de l'autre, tout cela réuni fera un fort joli petit avoir à notre ingrate Adeline, si jamais nous la retrouvons; car, depuis sa fuite, sait-on ce qu'elle est devenue? s'est-elle seulement occupée de nous rassurer même par un mot de sa main?

— Que je voudrais connaître son sort, ainsi que les lieux qu'elle habite? dit Adrienne, comme je m'empresserais de lui faire passer la somme que j'ai mise pour elle en réserve.

— Quoi, tu as fais sa part, ma chérie?

— Oui, mon oncle, cinquante mille francs.

— Oh! oh! mais c'est superbe; tu es donc bien riche, pour faire de tels dons?

— Toutes restitutions faites à la famille de mon époux, il me reste encore trente mille livres de rente.

— Joli ! joli ! s'écrie M. Duplan ; si j'étais à ta place, ma mignonne, avec une fortune semblable et un jardin aussi grand que le tien, je ferais construire la plus jolie salle de spectacle, la plus gentille bonbonnière possible, où mes connaissances viendraient jouer la comédie une fois par semaine.

— Des connaissances, nous n'en souhaïtons aucune. Lucien et moi désirons vivre seuls l'un pour l'autre; vous, mon oncle, voilà l'unique ami que nous ambitionnons.

— Ma foi ! je crois que c'est le meilleur moyen pour avoir la paix chez soi et s'éviter les chagrins que nous causent presque toujours les méchans.

Mais dis-moi, mon Adrienne, en fait de mauvais rapports, de dangereux propos : ne crains-tu pas pour ta réputation, en continuant de vivre ainsi à ton âge, dans une si parfaite intimité avec un jeune homme comme Lucien ?

— Que m'importe l'opinion de ce monde! vaut-il la peine qu'on fasse tant de sacrifices pour lui ! irais-je renoncer au bonheur que je goûte dans mon intimité avec Lucien, pour plaire plus ou moins à cette bête féroce qui dévore tout ce qu'on lui jette ! Non, non, je garde mon bonheur et veux le perpétuer en dépit de la médisance jusqu'à mon dernier soupir. Je ne dois rien avoir de caché pour vous, mon second père : sachez que l'amour le plus brûlant unit mon cœur à celui de Lucien.

—Ah çà, mais ce garçon-là vous aimait donc toutes deux à la fois, lorsqu'il ne paraissait être amoureux que d'Adeline?

— Il n'aimait qu'elle, mon oncle; moi seule adorais Lucien en silence et souffrais de n'avoir pu le captiver la première; mais, rebuté par l'ingratitude d'Adeline, froissé de son abandon, il a retiré son estime à celle qui n'avait cessé de l'abreuver d'amertume; ce fut alors près de moi que Lucien vint chercher des consolations à ses maux, et alors...

— Il s'aperçut que tu étais aussi belle qu'Adeline, en sus plus digne d'estime et d'amour et il te fit sa cour; mais ton mari?...

— En lui donnant ma main, je n'avais pu y joindre mon cœur, que depuis longtemps j'avais voué à Lucien; mais croyez bien, mon oncle, que l'honneur de mon époux fut toujours présent à ma pensée.

— Ça, mon ange, j'en suis persuadé.

Va, mon enfant, sois heureuse, toujours la même, et mes cheveux blancs te béniront mille fois. Maintenant, dis-moi, Lucien tarde beaucoup à rentrer?

— Patience, mon oncle, mais, tenez, je le vois venir à travers les arbres du jardin.

— Arrive donc, mon ami, mon oncle t'attend avec la plus vive impatience, s'écrie la jeune femme en sautant le pas qui sépare le salon du jardin, et courant au-devant de Lucien, qu'avec joie elle saisit par la main et amène à M. Duplan.

— Bonjour, Lucien, bonjour mon ami, et le vieillard et le jeune homme de s'embrasser cordialement.

Depuis deux mois Lucien était de retour d'Angleterre et réuni à son Adrienne dont il espérait ne plus se séparer; la jeune veuve, après avoir réformé le train luxueux de l'hôtel du lord, et congédié les nombreux valets avec une honorable récompense accordée à leur zèle et leur fidélité, Adrienne, donc, avait fait l'acquisition de cette maison de Sablonville, délicieuse demeure, où les amans se promettaient de passer chaque belle saison, loin du bruit, des importuns et surtout des faux amis, car la conduite du prétendu marquis de Saint-Hilaire avait rendu Adrienne aussi craintive que méfiante.

Ce doux bonheur de se voir, de s'entendre à chaque instant du jour, faisait pour nos amans un paradis terrestre de leur paisible solitude. Avec quel délice ils s'égaraient tous deux dans les touffus bosquets de leur jardin. Souvent, assis tous deux sur un banc de verdure, garantis du soleil par un feuillage épais, ils échangeaient leurs nobles sentimens, leurs séduisantes pensées, et, dans une douce intimité, se communiquaient, pour ainsi dire leur âme tout entière. L'enjouement, la gaîté régnaient d'abord dans leurs propos; peu à peu leurs discours prenaient une teinte plus réfléchie, plus tendre; à la raison se joignait bientôt une expression mélancolique pleine de charme et qui amenait un silence expressif, silence bien éloquent. Alors Lucien admirait la naïve confiance qu'Adrienne plaçait en lui, et se demandait en silence comment sa vertu pouvait résister à la persuasion de tant d'objets séduisans et tentateurs; comment, ivre d'amour et de désirs, il était resté fidèle aux sermens de sagesse et de respect que lui avait imposé la jeune veuve en consentant à vivre avec lui et pour lui. Pauvre Lucien! depuis deux mois sans cesse en tête à tête avec celle qu'il aime et dont il est aimé, et n'en être encore qu'aux innocentes faveurs! Décidément ce garçon-là veut mourir vierge!

Après le départ de M. Duplan, Lucien et Adrienne, afin de jouir du charme d'une belle soirée, sont allés s'asseoir au jardin; là, près l'un de l'autre, bien près, puisque le bras de l'amant enlaçait la taille de la jeune femme, là donc commença un long entretien...

— Oui, je te le répète, mon Lucien, ce qui me tourmente, m'inquiète, est de savoir si tu m'aimes autant que je t'aime?

— Enfant! oses-tu en douter : va, sois certaine, oh! mon amie! que jamais amour ne fût plus vif et plus brûlant que celui que tu m'inspires.

— Lucien, les hommes, dit-on, sont inconstans, volages; chez eux, l'habitude, la possession tuent le désir; hélas! si un jour ton Adrienne cessait d'avoir des charmes pour toi, ah! que je serais à plaindre alors! moi qui, pour te retenir, n'ai d'autre droit que mon amour, moi qui ne pourrais que pleurer et mourir si tu m'abandonnais! si jamais tu en aimais une autre que ton Adrienne, car je suis jalouse, Lucien, bien jalouse!

— Toi, de la jalousie, ma bien aimée, y penses-tu? toi qui en donnerais au marbre insensible; toi le chef-d'œuvre de la nature! hélas! si je ne connaissais la candeur, la bonne foi de tes paroles, je craindrais que ton aveu ne fût une dérision... Ah! quand tous les feux de l'amour, tous les charmes de la plus ravissante idolâtrie n'embraseraient pas mon cœur et mon esprit, est-il une mortelle dans l'univers qui puisse attirer mes regards? est-il une beauté, une perfection qui ne soit pas mon Adrienne? Et je pourrais aliéner mes hommages!... Ah! ce serait, hélas! plutôt à moi de craindre, d'appréhender un malheur qui ne peut venir de moi; toi si belle, toi dont chaque soupir, chaque mot échappé à ta bouche divine est un titre d'adoration; toi qui remplirais mille âmes comme la mienne de l'amour le plus violent et le plus durable!

— Quelle pensée, Lucien! moi infidèle; ah! Dieu cessera d'être bon avant que ton amie ait cessé de t'aimer.

— Oh! je te crois, oui, tu m'aimes comme je t'aime, et cependant...

— Cependant?... achève donc Lucien.

— Eh bien! il y a dans mon amour

mille fois plus de désir, d'abandon que dans le tien.

— Injuste ! oses-tu bien le penser et le dire.

— Cruelle ! oses-tu bien me le prouver chaque soir, en m'éloignant de toi, en refusant à l'ami de ton choix, de ton cœur, à celui qui t'idolâtre, les faveurs précieuses qu'il implore et paierait du sacrifice de toute sa vie.

— Ah ! Lucien, cesse, au nom du ciel, d'exiger de ton amie une coupable complaisance ; souviens-toi qu'il y a six mois, mon époux existait encore, que ce serait insulter à ses cendres encore tièdes ; oh ! non, non, respecte ton amie, ne la contraint pas à rougir de son amour ; attends, attends, mon Lucien, car un jour il me sera permis de me donner entièrement à toi ; mais, dans l'attente de ce doux moment, cesse d'exiger un sacrifice que m'interdit l'honneur et le respect dû à la mémoire d'un époux; je compte sur ta soumission pour observer à l'avenir cette condition, et cette sécurité nouvelle jettera alors sur les instans que nous passons ensemble le charme le plus doux qui puisse exister. Promettons-nous en même temps, mon Lucien, cette sincérité réciproque qui ne laisse pas ignorer une pensée, un incident de notre vie à l'être qui nous est cher; cette confiance, enfin, qui écarte les soucis pour ne laisser que des jouissances.

Ainsi raisonnait Adrienne, et cela, sans s'apercevoir peut-être que son amant, qui n'avait cessé de l'enlacer de ses bras, la serrait en cet instant encore plus fortement sur son sein; que leurs bouches, rapprochées et entr'ouvertes, se brûlaient d'un souffle ardent; que Lucien, la tête perdue, ivre d'amour et de désirs, dévorait d'un œil en feu des charmes divins qu'un indiscret fichu laissait entrevoir. Quel moyen d'écouter la raison alors, lorsque le démon de la séduction offre aux sens de pareils appâts? aussi Lucien extravague-t-il en cet instant et répond-il par des mots d'amour, de volupté, au langage de la raison; aussi ses lèvres couvrent-elles de mille et mille baisers une tête, un cou, des seins, des bras, et des doigts potelés délicats qui cherchent à s'opposer à sa témérité. Alors l'amante, non moins émue et alarmée, de faire entendre à son ami : possédez-vous! mais de ce ton amoureux et mourant, qui signifie plutôt : possédez-moi! mais Lucien a parfaitement traduit ce cri de la nature; car, abjurant ses erreurs platoniques, son amour se matérialise aussitôt : la bouche sur celle d'Adrienne anéantie, ses bras ne la soutiennent plus et glissent sur sa taille plus rapides que l'éclair... Les voiles disparaissent, et l'autel de la raison devient le lit de l'amour.....

—Tu pleures! toi l'arbitre de ma félicité, disait un instant après Lucien, en pressant Adrienne tendrement dans ses bras; ah! cesse, être sublime, de verser l'essence de ta belle âme! songe que chaque larme est une partie de toi-même, qu'elle m'échappe, et se perd dans les espaces. Tu pleures... est-ce de regret de m'avoir rendu le plus heureux des hommes? est-ce par crainte? Cependant regarde, je suis tremblant à tes genoux, je suis soumis, je suis le dernier de tes esclaves. Est-ce de remords? enfant! quel est notre crime?... je te le répète, je te le jure, t'obéir sera désormais ma loi; te chérir, mon bonheur et ma gloire; mes projets, mes actions, ma destinée entière sont pour la vie sous ta domination... Vaine fierté de mon sexe! caractère, je t'immole! tout tout, Adrienne, pour un sourire de ta bouche enchanteresse.

Comment résister à tant d'abnégations? impossible! aussi, le coupable obtient-il un pardon généreux.

XV

Un Évènement inattendu.

Voilà quinze jours que Lucien est le plus fortuné mortel; quinze jours que, grâce à son audace, il goûte chaque nuit dans les bras de la jeune veuve un bonheur digne des dieux.

— Oui, soyons heureux, vivons seuls et pour nous aimer, fuyons ce monde injuste et méchant, car il blâmerait notre amour, il nous en ferait un crime, et pourtant en est-ce un de s'aimer ainsi que nous? disait la jolie femme en prodiguant ses caresses à son amant.

— Oh! que j'aime à t'entendre parler ainsi, mon Adrienne, et à te mettre au-dessus d'un préjugé égoïste. Oui, tu as raison, parce qu'un être infortuné a une fois dans sa vie uni son sort, donné son nom à une femme dépravée, la société le condamne à terminer près de cette même femme une vie de honte et de souffrance, à ne plus connaître d'amour ni bonheur, à vivre seul dans le vide et la souffrance; mais en lui interdisant une autre compagne, il ne fallait pas lui laisser un cœur, un cœur que le ciel lui a donné pour aimer et chérir.

Ainsi causaient les amans, un matin, assis près d'une fenêtre donnant sur la route, lorsque leur entretien fut interrompu par la vue d'un fiacre qui vint s'arrêter à la grille de leur maison.

— Une voiture! qui donc nous arrive? fait Adrienne avec surprise.

Demeure ma chère, je vais m'informer, répond Lucien ; puis, laissant la jeune femme, il se hâte de descendre à l'antichambre où il arrive assez à temps pour recevoir un grand homme à la face ignoble, aux manières fausses et polies, lequel demande à parler à monsieur Lucien Marsan.

— C'est moi monsieur.

— Puis-je vous entretenir un instant en particulier, monsieur?

Et Lucien de faire passer cet homme au salon.

— Parlez monsieur, nous sommes seuls.

— Je m'appelle Lépine, monsieur, et suis huissier patenté; je viens, monsieur, vous sommer au nom de la loi, de recevoir votre épouse, Adeline Duplan, et de la réintégrer dans le domicile conjugal; elle présente et attendant votre consentement dans la voiture arrêtée à la grille de votre maison.

Comme la présence d'un huissier est ordinairement un présage de désolation, de ruine et de misère, Lucien, quoique ne croyant rien avoir à redouter de ces exécuteurs des hautes œuvres commerciales, n'a pu s'empêcher de frémir intérieurement.

— Vous ai-je bien entendu, monsieur, celle qui ne possède que le titre de mon épouse est là présente, et ose, armée de la loi, me contraindre à la reprendre!

— Oui, monsieur, reprend l'huissier, et en faveur des mœurs vous ne pouvez repousser sa demande.

— Mais, vous ne connaissez donc pas la conduite de cette femme à mon égard, monsieur, pour oser vous charger d'une pareille médiation? dit Lucien d'un ton animé par la colère.

— Dam! monsieur, je suis huissier.

— C'est juste! fait Lucien en levant les épaules de pitié et jetant sur cet homme un regard de mépris. Eh bien, monsieur, ajoute-t-il, retournez près de votre cliente, dites-lui que je la repousse, la méprise, que tout désormais est rompu entre elle et moi.

— Tel est votre dernier mot, monsieur?

— Rien autre, monsieur!

— Alors, reprend l'huissier d'un air patelin, veuillez signer votre refus au bas de cette sommation.

— Donnez ! et Lucien de signer sans hésitation.

L'huissier reprend le papier, adresse un humble salut au jeune homme et se retire.

Lucien, étourdi du coup et de l'audace d'Adeline, reste un instant au salon, tremblant et anéanti.

Que faire? avouera-t-il cet événement à Adrienne?.. Non! ce serait porter l'inquiétude et le désespoir dans son sein; il se taira donc, et en secret fera les démarches nécessaires pour parer à l'avenir à un semblable incident.

Alors, à peu près calme, le jeune homme retourne près de son amie qui, ne se doutant nullement de l'aventure, l'attend calme et paisible en parcourant les feuillets d'un album.

— Quelles sont ces personnes, mon ami? demande-t-elle voyant rentrer Lucien.

— Moins que rien, un huissier me rapportant un des dossiers de la liquidation de lord Betson.

—Ah! il y avait une femme avec lui dans la voiture.

— Tu penses? fait le jeune homme troublé.

— Oui, et malgré les soins qu'elle mettait à se cacher derrière le rideau de la portière, son châle et son chapeau n'en trahissaient pas moins sa présence.

— Tu n'as pas vu sa figure?

— Non! répond Adrienne.

— Peut-être la femme de cet homme....

— Qu'en bon mari il mène promener

par ce temps superbe. Si nous les imitions, mon Lucien?..

— Volontiers.

— Que tu es complaisant! allons à Surène, à Saint-Cloud; qu'en dis-tu, Lucien?

— Allons où il te plaira, ma chérie, tes volontés ne sont-elles pas les miennes?

Et une heure après le tilbury des deux amans roulait vers le pont de Neuilly. En passant sur la petite route qui longe Surène et le bord de l'eau, et devant une fort belle maison, Lucien et Adrienne s'entendent appeler à haute voix; tous deux portent leurs regards et reconnaissent, non sans contrariétés, qui? Psyché leur faisant signe de la main, ouvrant la grille avec vîtesse et accourant vers eux. Aucun moyen, sans la plus grande impolitesse, d'éviter cette rencontre; aussi Lucien arrête-t-il afin d'attendre madame Tonton.

— Eh! bonjour, mes chers amis, il y a un siècle et demi qu'on vous a vus, et vous passez ainsi devant la porte des gens sans daigner leur faire une visite, oh! je ne le souffrirai pas; allons, beau conducteur, tournez bride aussitôt et venez visiter vos amis.

Ainsi disait Psyché d'un air gracieux et la joie dans les yeux. En vain le couple allègue-t-il quelques excuses, impossible d'échapper à l'invitation. Le tilbury entre donc dans la cour et les maîtres bientôt au salon où se trouve être monsieur Théophile encore présent.

— Comment se porte votre mari, Psyché, demande Lucien.

— Trop bien, mon Dieu! pour me faire enrager.

—Quoi! le bon accord aurait-il cessé de régner entre vous?

— Oh! tout-à-fait, depuis que je ne veux plus me laisser mener par lui, ni plus ni moins qu'une petite fille. Mais, laissons cette grosse buse et parlons de vous, mes amis; vous devenez de plus belle en plus belle, ma bonne Adrienne.

— Et vous, trop indulgente, madame, répond la complimentée avec modestie.

— Ah! ça, on dit que vous vivez tous deux en ermites, sous le même toît, en vrais tourtereaux enfin!

— Adrienne a daigné me céder un appartement dans sa maison, répond Lucien.

— Rien de plus juste! deux amans bien épris ne se trouvent jamais trop près l'un de l'autre.

—Madame... fait Adrienne en rougissant et d'une voix timide.

—Eh! pourquoi donc rougir, ma bonne petite? ici, personne de trop; parlons donc franchement, sans contrainte: laissez-moi, Adrienne, féliciter ce bon Lucien d'avoir enfin trouvé une amie digne de lui, qui comprenne son âme et récompense ses excellentes qualités; croyez bien, mes enfans, que si Tonton était présent, je ne vous tiendrais pas ce langage, cet homme est si indiscret, si... enfin suffit.

— Vous avez donc beaucoup à vous plaindre de lui? Psyché, cependant Tonton paraissait vous aimer, vous rendre heureuse, dit Lucien.

— Oui, devant témoin. Ah! le sournois, l'hypocrite! voilà comme il abuse tout le monde, par ses faux dehors, en tout cas, méfiez vous de ce tartufe, et n'en faites jamais le dépositaire de vos secrets, car il les vendrait sans scrupule s'il y trouvait son intérêt.

Lucien se disposait à répondre lorsque le bruit d'une voiture se fit entendre, Psyché jeta un coup d'œil dans la cour et annonça son mari qui descendait en cet instant de cabriolet.

— Tiens! quelle charmante surprise! ce cher Lucien! notre jolie veuve! quel heureux hasard les a conduit ici? s'écrie Tonton avec jovialité.

— Moi, monsieur, qui les ai arrêté au passage.

— Vous avez fort bien fait, madame, et sans doute vous les avez aussi invités à dîner avec nous!

— Non, mais je l'entends ainsi, répond Psyché.

Les amans refusent d'abord la nouvelle

invitation, et cela, de toute la force de leur âme, mais ; vaincus par mille sollicitations, ils se résignent enfin à demeurer quoiqu'à leur grand regret. Depuis que Tonton est entré au salon, à peine s'il a daigné jeter un regard sur Théophile qui, malgré ce manque d'égards de la part du maître de la maison, n'en paraît pas moins à son aise. En attendant l'heure du dîner le groupe se sépare, Psyché emmène Adrienne afin de lui faire admirer ses superbes camélias, Tonton en fait de même de Lucien afin de lui montrer un pont chinois qu'il fait construire au-dessus de la petite rivière de ce qu'il appelle son parc, laquelle rivière contient cinq pouces d'une eau verdâtre, quant à Théophile, il a suivi les dames et les a rejoint près de la resserre, après avoir vu s'éloigner les maris.

— Comme je vous dis, mon cher Lucien, ce Théophile n'est autre qu'un petit freluquet dont s'est coiffée ma femme, qu'il ne quitte jamais, et quoique neveu du ministre de l'intérieur, il paraît que ce petit monsieur n'a nulle puissance près de son oncle puisqu'il postule près de lui en ma faveur, et depuis un siècle, un misérable privilège théâtral qu'il n'a pu encore obtenir; mais patience, qu'il se dépêche, car le ministère est, dit-on, près d'être renouvelé et alors, au diable le petit bonhomme s'il ne m'a servi à souhait, car, mon cher, je pense absolument ainsi que le maréchal de Villeroi, il faut tenir le pot de chambre aux ministres tant qu'ils sont en place, et le leur verser sur la tête quand ils n'y sont plus.

—Mais, avez-vous réfléchi Tonton, que ce que vous sollicitez est fort difficile à obtenir, surtout pour un personnage tel que vous, qui ne possède sans doute aucun titre à la faveur des ministres, vous n'ignorez pas qu'ils font de leurs protections un commerce lucratif, ou la récompense de la servilité?

— Hum! hum! je renoncerais cependant avec peine à la possession de ce privilège, et je commence à croire que jusqu'ici j'ai été la dupe d'un petit serpent qui s'est impatronisé dans mon ménage, et qui, par des conseils dangereux, a changé l'humeur de ma femme du tout au tout, maintenant, mon cher Lucien, parlons un peu de vos affaires, ajoute Tonton.

— Je n'ai rien à vous apprendre, répond Lucien.

— Pardon! n'avez-vous pas à épancher votre bonheur dans le sein de l'amitié?

— De quel bonheur prétendez-vous parler?

— Parbleu! de celui que vous goûtez près de votre gentille Adrienne. A propos! vous habitez, dit-on, avec elle?

— Dites, dans sa maison.

— Ça va s'en dire, et sans doute un appartement bien près du sien. Heureux coquin! Je gage que pour en faire un seul des deux, il n'y aurait qu'à laisser ouverte certaine porte de communication.

— Je vous comprends, Tonton; mais vos pensées sont totalement fausses; car il n'existe entre Adrienne et moi d'autre sentiment que celui qui nous unit pour ainsi dire depuis l'enfance. Mais, dites-moi, Tonton, à votre tour, où avez-vous fait connaissance d'un certain marquis de Saint-Hilaire, présenté par vous chez Adrienne, en qualité d'ami de lord Betson.

— Hum!... le marquis de Saint-Hilaire? hum! mais... mais... ah! au balcon de l'Opéra, répond Tonton.

— Étiez-vous certain que cet homme fut effectivement un ami du lord?

— Dam! il me l'assura.

— Et, vous fiant à la parole d'un homme que vous connaissiez à peine, vous eûtes l'imprudence de l'amener chez Adrienne.

— Oui, il m'en avait manifesté le plus vif désir.

— Maladroit! savez-vous qu'il s'est conduit indignement envers elle?...

— Bah! pas possible! fait Tonton, jouant la surprise.

— Qu'il lui a manqué d'une manière infâme? Répondez, Tonton, savez-vous où demeure ce marquis?

— Pas le moins du monde.

— Cependant, j'exige de votre amitié que vous me le fassiez connaître, car je suis résolu à tirer vengeance de cet infâme.

— Mon Dieu! mon cher, mais je suis enchanté de l'avoir perdu de vue; cet homme était un indigne en effet, dont moi-même ai beaucoup à me plaindre. Figurez-vous qu'il m'a emprunté de l'argent, beaucoup d'argent, qu'il ne m'a jamais rendu, malgré ses belles promesses.

— J'exige de vous, mon cher, si un jour vous parvenez à rejoindre cet intrigant, que vous fassiez en sorte de nous mettre tous deux en présence.

— Je vous le promets, mon cher Lucien; comptez sur moi.

— J'y compte; car songez que c'est le seul moyen de vous faire pardonner le mal qu'a failli causer votre imprudence.

Cela dit, ils regagnent la maison, après avoir, en passant, jeté un coup-d'œil sur le pont chinois, chef-d'œuvre d'extravagance, auquel travaillent encore bon nombre d'ouvriers. D'un autre côté, revenaient Psyché et Adrienne, après avoir long-temps parcouru les resserres et les jardins, accompagnées de M. Théophile, l'homme-poupée. L'heure du dîner vient à sonner, on s'assemble dans la salle à manger, puis on prend place au couvert; le dîner est excellent, et les convives des plus maussades; pourquoi? parce que le maître et la maîtresse de la maison, ne pouvant dissimuler leur mésintelligence, se querellent à tous propos; que Tonton fait une moue abominable à Théophile. Le repas terminé, on passe sur une terrasse dont la vue donne sur la rivière, afin d'y prendre le café, et Tonton, mandé par les ouvriers, de s'éloigner pour un instant.

— Décidément! dit alors Psyché, je ne puis vivre plus long-temps avec un pareil homme! Il faut enfin que je prenne un parti; oui, une séparation devient nécessaire.

— Ah! Psyché, renoncez, croyez-moi, à un semblable parti; de la patience, ma chère, et vous ramènerez votre époux à de plus doux sentimens, fait entendre Lucien.

— Non, non, il me sera désormais impossible de vivre en paix avec un être que je mésestime. Oh! vous ne connaissez pas le sournois; vous ignorez, qu'avec ses dehors de bonhomie, il m'a rendue la plus malheureuse des femmes? qu'il m'a contraint enfin à me roidir contre son despotisme et sa brutalité. Allez, allez, lui et son prétendu marquis de Saint-Hilaire, peuvent marcher de front; l'un ne vaut pas mieux que l'autre.

— Le marquis de Saint-Hilaire! s'écrie vivement Lucien; vous connaissez aussi cet homme, Psyché?

— Pardienne! ne le connaissez-vous pas aussi bien que moi pour votre malheur?

— Non, en vérité, répond le jeune homme.

— Quoi! vous ne connaissez pas Albert, le ravisseur de votre femme?

— Albert! s'écrie Lucien avec indignation en sautant sur sa chaise.

— Albert! le marquis de Saint-Hilaire, quelle perfidie! dit Adrienne quittant sa place.

— Ah çà, qu'à donc cette nouvelle pour

vous enflammer ainsi tous deux? reprend Psyché avec surprise.

— Mais vous ne savez donc pas, Psyché, que cet Albert, inconnu à Adrienne, lui fut présenté, il y a deux mois, par votre infâme époux sous le nom de Saint-Hilaire, et en qualité d'ami intime, soi-disant, de lord Betson? Que cet infâme Albert, l'auteur continuel de tous mes maux, osa essayer d'attenter à l'honneur d'Adrienne, qui n'échappa à ses violences que par un miracle?

— En voilà de belles! s'écrie Psyché, et c'est mon indigne mari qui le mena chez vous?

— Lui-même! le traître, l'hypocrite, le faux ami! Ah! malheur, malheur à lui!

Et cela dit, Lucien allait s'élancer à la rencontre de Tonton, lorsque les deux femmes se précipitèrent au devant de lui.

— Lucien, calme-toi, pas de violence; oh! je t'en conjure, oublie, oublie, un méchant; méprise-le, et borne-là ta vengeance, disait Adrienne en enlaçant son amant de ses bras.

— Lucien, par égard pour moi, qui fus toujours votre sincère amie, suivez les conseils d'Adrienne, méprisez un traître dont j'ignorais encore toute la perfidie; mais il est mon mari; c'est moi qui, sans s'en douter, vient de vous révéler son horrible trahison; le mal lui viendrait donc de moi, et ce serait un reproche cuisant pour mon cœur. Quittez donc cette maison sans le revoir; moi et Théophile allons vous accompagner, ne voulant pas vous délaisser dans cette affreuse agitation. Venez, venez; partons, avant qu'il ne soit de retour.

— Non, restons, et soyez sans crainte,

Psyché; car il y aurait folie de ma part à prétendre punir un être de l'espèce de Tonton; ce sera à un autre à me rendre raison de toutes les insultes qu'il m'a faites...

— Ah! Lucien, garde-toi de t'exposer! interrompt Adrienne effrayée.

— Ne redoute rien, Adrienne; et vous, Psyché, laissez-moi, par une simple mystification, me venger d'un homme dont ma canne n'épargne les épaules que par respect pour vous.

En cet instant, la voix de Tonton se fit entendre, et lui-même parut bientôt, le sourire sur les lèvres et se dandinant avec grâce.

— Un malheur affreux, mes amis! ma rivière a fui, et, en moins d'un quart d'heure, elle vient d'être mise à sec: concevez-vous mon guignon, moi qui ai eu tant de peine à amasser les cinq pouces d'eau dont je déplore la perte.

— A votre tour, Tonton, concevez-vous ma joie, ce marquis de Saint-Hilaire, ce chevalier d'industrie que je tenais tant à retrouver, et dont vous déploriez tantôt d'avoir perdu les traces...

— Eh bien! fait Tonton.

— Eh bien, mon cher, cet homme vient d'envoyer un domestique, vous prier d'être demain matin à neuf heures près du jet d'eau du Palais-Royal, afin de vous faire part d'une affaire importante. Vous devez penser combien cet incident inattendu est heureux; d'abord, parce que vous retrouvez un créancier infidèle; et moi, un insolent duquel je veux punir l'audace. Aussi, Tonton, ne veux-je pas vous quitter d'ici à demain; c'est ensemble que nous irons à ce rendez-vous.

— Ah! ah! comment ce Saint-Hilaire me fait demander? dit Tonton avec embarras.

— Oui, grâce au ciel!

— Eh bien, mon cher Lucien, il m'attendra long-temps; car je n'irai point à ce rendez-vous.

— Pourquoi donc?

— Parce que vous voulez y venir, et que vous feriez quelques coups de tête.

— Nous irons, vous dis-je; aussi bien l'envoyé de cet homme a même ajouté, que la marquise accompagnerait le marquis. On dit cette femme fort belle, et je suis curieux de pouvoir me convaincre par moi-même si elle mérite cette réputation.

— Figure chiffonnée et commune, mon cher; fiez-vous à cette assurance, et ne persévérez pas davantage dans la démarche que vous voulez entreprendre, il pourrait vous en arriver mal; car ce marquis est un véritable chenapan, un bretteur, un tueur d'hommes dans toute la force du terme, qui joint à une adresse surprenante à manier l'épée, l'avantage de faire à cinquante pas sauter un bouchon en l'air d'un coup de pistolet.

— Tant mieux! ce sera un adversaire digne moi; et ce que vous venez de m'apprendre concernant son adresse, redouble l'envie de me rencontrer avec lui.

— Du tout! du tout! j'ai le duel en horreur; aussi ne comptez pas sur moi, s'écrie Tonton en se démenant comme un possédé.

— Et moi, monsieur, qui a si juste titre ai le droit de me plaindre de vous, pour avoir introduit cet homme chez Adrienne, je vous somme de me mettre en sa présence, ou de me rendre raison vous-même de l'injure qu'il a osé faire à une femme estimable! dit Lucien avec sévérité.

— De quoi! me menacer dans ma propre maison, en présence de mon épouse; et vous restez muette, madame, devant une telle provocation?

— Je ne puis en arrêter la menace, monsieur, c'est à vous d'en éviter les effets, en conduisant Lucien devant le marquis.

— Devant le marquis, devant le marquis! Eh! vous savez bien madame que cela ne se peut pas! s'écrie Tonton avec humeur.

— Non! cela ne se peut pas reprend Lucien, parce qu'alors je reconnaîtrai dans ce prétendu marquis, le plus grand ennemi de mon repos, cet Albert de Mouvra enfin! que par la plus insigne trahison, vous, monsieur, qui vous disiez mon ami, avez introduit chez la veuve de lord Betson; dans quel but? de la rendre victime de la séduction ou de la violence de cet homme, qui osa d'abord lui offrir un cœur, une main, souillés de débauche et de crime, et cela, guidé par l'appât d'une fortune de laquelle, sans doute, il vous avait promis le partage en faveur de votre ignoble complaisance. Eh bien! il n'en sera rien, monsieur, car cet Albert eut cette fois affaire à une femme vertueuse, qui repoussa son hommage hypocrite et le chassa de chez elle, non sans avoir failli devenir la victime de sa brutalité. Maintenant, avouez qu'il serait de mon honneur de vous demander raison de cette déloyauté, à vous, homme perfide qui ne souriez aux gens que pour mieux les trahir? Rendez grâce à votre épouse, dont la prière paralyse mon bras, car déjà, je vous eus fait expier, sous le bâton, votre infâme conduite.

— Monsieur !! vous oubliez que je suis chez moi! s'écrie Tonton, affectant une fermeté qu'il est bien loin de ressentir.

— Non, monsieur, mais n'importe où l'on rencontre un traître, il est permis de lui cracher l'insulte à la face, répond Lucien.

— Eh bien madame! êtes vous satisfaite de votre ouvrage? dit Tonton à Psyché.

— Vous m'accusez à tort, monsieur, car j'aurais caché votre action à nos amis si je l'avais connue; je n'ai donc fait que citer Albert et le marquis comme étant la même personne, sans me douter de l'importance de cette révélation.

Après avoir assuré la véracité de l'excuse, Lucien, sans daigner avoir égard à celle que lui adresse Tonton, présenté la main à Adrienne, et tous deux se disposent à s'éloigner malgré les prières de Psyché qui, voyant qu'elle ne peut les retenir, se décide à retourner à Paris, afin d'échapper aux mauvaises raisons, dont ne manquerait pas de l'accabler son mari en l'absence des deux jeunes gens. Quant à Tonton, fort embarassé de savoir quelle contenance tenir et sans oser s'opposer aux volontés de sa femme, il profite du moment où Lucien cause avec Théophile pour s'échapper à la dérobée et courir se cacher au fond du jardin, où il attendit pour reparaître le départ des quatre personnes.

XVI

Une funeste mésaventure.

Il s'est écoulé plus d'un mois depuis le dîner à Surène, depuis que Lucien a été à même d'apprécier la juste valeur de l'amitié de Tonton. Un mois enfin, depuis que sans nulle invitation, sans y avoir même été encouragé; Psyché fréquente la demeure de Lucien et d'Adrienne dont elle semble ne pouvoir plus se séparer un instant; cette amitié est-elle bien sincère? Ces grandes protestations d'un dévouement sans borne, ces soins, ces caresses, partent-ils du cœur de la danseuse? c'est ce que l'on sera à même, peut-être, de juger plus tard : ce qu'il y a de certain, c'est que toutes ces marques affectueuses ont suffi pour gagner l'amitié d'Adrienne, dont la belle âme ne peut admettre de feinte dans celle des autres; aussi elle et son ami, tous deux n'ayant qu'un cœur, une pensée, reçoivent-ils Psyché avec confiance et d'un commun accord. Mais durant ces fréquentes visites, ces journées entières passées à Sablonville, que devient monsieur Théophile lui, qui semblait depuis quelques mois être devenu une partie indivisible de la danseuse? Un ordre positif du papa a exilé le jeune homme loin de son institutrice, et ce n'est que dans deux mois, qu'il lui sera permis de s'élancer de nouveau hors le toit paternel, pour revenir prendre un poste qu'il n'a quitté qu'avec le plus vif regret. Psyché voit à peine son mari, et continue à manifester le projet d'une rupture éternelle avec un homme qu'elle mésestime sans que les bons conseils de Lucien puissent la ramener à des sentimens plus convenables.

Tonton, de son côté, peu soucieux de l'abandon dans lequel le laisse une femme rebelle à ses volontés, passe ses jours à courir les grisettes et à chercher Albert, qui en effet lui a extorqué d'assez fortes sommes d'argent et qu'il a vainement attendu une journée entière autour du bassin du Palais-Royal.

Lucien, qui n'a plus entendu parler d'Adeline, pense que son indigne épouse, humiliée de son refus, s'est décidée à le laisser en repos; aussi, pour lui, s'écoulent des jours de bonheur et d'amour près de sa gracieuse Adrienne, celle que son cœur adopte seule pour épouse et compagne de toute sa vie. Quoi qu'Adrienne possède trente mille livres de rente, que Lucien, grâce à la générosité de feu lord Betson, jouisse d'un revenu de six mille francs par an, les deux jeunes gens ne mènent qu'un train des plus modestes; un petit appartement à Paris, pour les quatre grands mois d'hiver, la maison de Sablonville pour la belle saison, deux domestiques, mâle et femelle, un jardinier, un simple cabriolet, voilà ce qui suffit à leur besoin, à leur ambition; mais comme ils savent parfaitement que le riche ici bas, est le banquier du pauvre, chaque mois, Lucien, porte au curé de Neüilly une forte somme à distribuer aux indigens du pays. Du reste, hors Psyché et l'oncle Duplan, Lucien et Adrienne ne reçoivent personne. Pourquoi cet isolement? parce qu'ils redoutent les faux amis, ces parasytes comme il y en a tant, qui s'impatronisent chez vous, captivent votre confiance par de faux semblans de bonhomie, qui scrutent votre conscience, vident votre bourse, mangent votre dîner et qui, blessés du moindre refus que vous arrache enfin leur indiscrète exigence, se font une arme du secret que vous leur avez confié où qu'ils ont su deviner, et vont par le monde vous déchirer, faire vices de vos vertus, bêtises de vos bontés.

Ainsi, ce fut dans le plus grand calme, au sein de la plus douce félicité et dans les bras l'un de l'autre, que le coup le plus affreux vint frapper les deux amans. C'était une nuit, Lucien et Adrienne étaient plongés dans un profond sommeil, le bruit de la cloche de la grille éveilla le jardinier concierge de la maison : surpris d'entendre sonner à trois heures du matin, cet homme se jetta hors du lit, et traversant la cour qui précédait la maison, fût s'informer à travers le guichet, du visiteur matinal.

— M. Lucien Marsan? demanda une voix d'homme.

— C'est ici, mais que voulez-vous à not'maître à cet'heure, il dort et ne nous soucions nullement de l'éveiller.

— Au nom de la loi, moi commissaire de police, je vous somme de m'ouvrir cette grille à l'instant même.

— Un commissaire de police cheux nous, oh! vous vous trompez de nom et demeure, monsieur, je sommes d'honnêtes gens et non gibier de votre compétence.

— Au nom de la loi, ouvrez sans plus tarder, reprend l'officier civil, de ce ton gracieux en usage aux gens de son espèce.

— Donnez le temps au moins d'aller avertir not'maître, répond le jardinier, qui avec surprise s'aperçoit que l'homme de la justice n'est pas seul, mais bien escorté d'une douzaine de sacripans, armés de bâtons.

— Encore une fois, si à l'instant même vous n'ouvrez cette porte, je la fais jeter en dedans, et vous répondrez devant le procureur du roi, de votre rébellion à la loi.

Ces derniers mots ont intimidé le serviteur, qui malgré cela balançait encore, mais l'écharpe du commissaire ayant frappé ses yeux, il se décida quoi qu'à regret et ouvrit à cette bande hideuse qui, l'officier civil en tête, se précipita dans la cour, et s'empressa de cerner toutes les issues.

— Indiquez-nous la chambre à coucher de madame Betson, demande le commissaire.

— Ah! c'est donc à madame que vous en voulez maintenant?..

— Silence! et obéissez à la loi.

— Ah çà, vous et vot'loi, me faites l'effet de ne vouloir rien de bon à nos maîtres, et je sommes à présent désolé de vous avoir ouvert.

— La chambre où est couchée en cet instant madame Betson, vous dis-je.

— Au premier, la porte à gauche; mais pourquoi çà, qu'est-ce que vous lui voulez à cette excellente dame? c'est y pour la faire mourir de frayeur en lui montrant les horribles figures qui vous accompagnent?..

Le commissaire ne réplique rien à ces dernières paroles qu'il n'a même pas entendu tant il est occupé de donner à voix basse, les instructions à ses exempts; puis se précipitant ensuite vers l'escalier qu'éclaire à peine un faible crépuscule, il va frapper rudement accompagné de deux hommes, à la porte de la chambre où dorment les deux amans, dans les bras l'un de l'autre. Encore ce funeste, au nom de la loi, et cette fois, c'est à l'oreille de Lucien et d'Adrienne qu'il tinte lugubrement.

— Lucien! Lucien! oh! mon ami, qu'est-ce que celà? que veulent ces gens? bégaye péniblement la jeune femme dont le cœur bat avec violence.

— J'ignore, répond Lucien, non moins inquiet, ce sont peut-être des malfaiteurs.

— Ne réponds pas, n'ouvre pas, Lucien.

— Au nom de la loi, ouvrez, rugit une seconde fois l'homme de justice.

— Adrienne, laisse-moi, laisse-moi de

grâce obéir à cette impérieuse injonction, dit Lucien cherchant à se dégager doucement des bras de son amie qui en ce moment l'étreint sur son sein.

— Lucien, oh ! crois mon affreux pressentiment, ces gens viennent pour nous faire du mal !

—Enfant ! qu'avons-nous à craindre? calme-toi, mon amie, et laisse-moi m'informer.

— Au nom de la loi et pour la troisième et dernière sommation, ouvrez à l'instant même, ou l'on enfonce cette porte.

— Un instant ! s'écrie Lucien, puis se jetant hors du lit, il s'habille à la hâte, Adrienne effrayée au-delà de toute expression, et sans force aucune, retombe sur l'oreiller et voile son visage de sa couverture.

— Que demandez-vous, messieurs? dit

le jeune homme aux gens de police, après avoir ouvert.

— Lucien Marsan? demande le commissaire.

— C'est moi, monsieur.

— Cela suffit répond l'interlocuteur, puis s'avançant vers le lit avec précipitation il en ouvre les rideaux, et montre Adrienne évanouie aux exempts qui occupent la chambre.

— Que signifie cette visite nocturne, monsieur, cette violation de toute pudeur? s'écrie Lucien en repoussant avec mépris l'homme de police après s'être jeté entre le lit et lui, afin de garantir la jeune femme d'une seconde insulte de sa part.

— Verbalisons, dit le commissaire froidement sans daigner répondre à Lucien, et s'adressant à un des escogriffes de sa bande qui armé d'une plume et d'une écritoire, se place à une table.

Moi, Policarpe Moucherie, commissaire de police, d'après les ordres de monsieur le procureur du roi, et sur la plainte en adultère de la dame Adeline Duplan, femme Marsan, me suis présenté ce jour 7 août, 18.. dans une maison sise à Sablonville, commune de Neuilly; que dans ladite maison, j'ai, moi, Policarpe Moucherie, surpris le sieur Lucien Marsan, époux de la dite dame Adeline Duplan, en flagrant délit d'adultère, et occupant le même lit que la femme Adrienne, veuve Betson; sur quoi, je me suis empressé de verbaliser et de signer et faire signer ledit procès-verbal par les deux délinquans que j'ai de même sommé de me suivre à l'instant...

Vous suivre! jamais! s'écrie Lucien furieux. Quoi! c'est sur la plainte dressée par une femme infâme, que vous agissez! mais, cette femme, vous ne savez donc pas qu'elle n'a que le titre de mon épouse? qu'elle m'abandonna en sortant de l'autel où elle venait de me jurer amour et fidélité? elle seule a trahi les devoirs d'épouse, elle seule mériterait d'être punie.

Peine inutile! le pauvre Lucien s'aperçoit qu'il parle à des pierres, à des gens qui ont juré, en acceptant leur vil emploi, qu'ils n'auraient plus ni oreilles, ni cœur, ni âme, pour les plaintes des malheureux; seulement un sourire satanique vient encore enlaidir leur ignoble visage; sourire d'une joie féroce, satisfaction du tigre, lorsqu'il tient sous ses griffes une proie qui ne peut lui échapper.

— Allons, éveillez cette femme, et qu'on nous suive, interrompt le commissaire.

— Misérable! ne voyez-vous pas que

votre odieuse mission l'a privée de ses sens, de la vie peut-être! et Lucien agite avec force une sonnette; puis se précipitant sur le lit, s'empare de la tête pâle et froide d'Adrienne. Que faites-vous là à contempler votre ouvrage d'un regard de hyène, la loi vous commande-t-elle de tuer les gens, avant de les jeter dans vos cachots? ne me laisserez-vous pas le temps de la rappeler à la vie? dit Lucien avec désespoir.

— Qu'on se dépêche, rugit le commissaire, en lançant un regard féroce au jeune homme, et faisant signe à sa bande de sortir de la chambre.

Le coup de sonnette donné par Lucien, a fait accourir la femme de chambre d'Adrienne; cette fille, dévouée à sa maîtresse, connait ses secrets devine le danger qui la menace, à la vue des gens de police, et autant troublée que ses maîtres, entend à peine Lucien, lui demander des secours pour Adrienne. Des sels, des cordiaux, puis elle renaît; et n'apercevant que Lucien et la chambrière, se plaint d'un rêve affreux qui vient de l'agiter. Un rêve! hélas! pauvre femme! ce n'est que trop une réalité, ces voix qui de la pièce précédente tintent à ton oreille, ne te confirment que trop ton malheur.

— Lucien! mon Lucien! que veulent donc ces hommes? s'écrie-t-elle d'une voix égarée... t'arrêter, n'est-ce pas? Mais, qu'as-tu donc fait?...

— Pauvre amie! arme-toi de courage, car c'est à toi qu'ils en veulent aussi.

— A moi!!! vont-ils donc m'arrêter avec toi?

— Hélas! tous deux, ils nous faut les suivre, ma douce amie.

— Les suivre, mon Dieu!! mais où donc? où donc?

Lucien n'a plus la force de lui répondre, tant les larmes suffoquent sa voix.

— Oh! ne pleure pas ainsi, mon Lucien; car tu m'ôterais tout courage; viens ami, viens; suivons-les, ils ne pourront nous retenir long-temps; car, quel mal avons-nous fait? Viens, te dis-je, et calme ce désespoir qui me perce le cœur.

En disant, Adrienne prenait dans ses mains la tête du jeune homme, la couvrait de caresses, puis essuyait ses larmes.

— Et c'est pour moi, pour moi, pauvre Adrienne! que la honte et l'affront vont devenir ton partage! Ah! ma vie entière pour t'arracher à cet affreux malheur! dit Lucien en sanglottant et cachant son visage dans le sein de la jeune femme.

— O ciel! quelle faute avons-nous donc commise, Lucien?

Et le jeune homme de l'instruire de la cause de leur arrestation.

— Adeline! Adeline! nous faire autant de chagrin! vouloir me ravir mon Lucien, comme si elle l'aimait, comme si elle était digne de lui après l'avoir trahi si injustement! Ah! souffrons, Lucien; souffrons mille tourmens s'il le faut, mais aimons-nous toujours. Qu'ils viennent ces hommes de malheur, qu'ils remplissent leur odieuse mission, je les attends.

A peine la jeune femme avait-elle terminé ces paroles énergiques, que la porte de la chambre s'ouvrit, et que l'homme à l'écharpe gratifia les amans de son horrible présence.

— Où allez-vous nous conduire, monsieur? lui demande Adrienne avec fermeté.

— L'un à la Force, et l'autre à Saint-Lazare, répond froidement le commissaire.

— De l'or, monsieur, tout ce que j'en possède, si vous consentez à laisser fuir madame, dit Lucien.

— Impossible, monsieur, la morale publique exige que madame soit punie.

— Mais cette affaire est purement civile, et sans l'argent que la plaignante déposa au parquet du procureur du roi, la justice ne se serait nullement mêlée de cette affaire. Eh bien! puisque faute de quelques écus, sa morale, dite publique, ne se fût point effarouchée, acceptez donc à l'instant de quoi assouvir les scrupules de cette justice vénale. J'offre vingt mille francs pour la liberté de madame..

— Vingt mille francs! répéta le commissaire en se grattant l'oreille, et en tournant ses regards autour de la pièce; mais, apercevant quelques membres de son escouade plantés derrière lui, — impossible! reprend-il, mon devoir avant tout; adressez vos réclamations au parquet, et partons.

— Partons, mon ami! du courage, dit Adrienne, en présentant une main ferme à Lucien, qui la couvre de larmes, et, tombant aux genoux de la jeune femme :

— Pardonne! oh, pardonne! ange de perfection, au malheureux qui dans ce jour te fait endurer la honte et la douleur! Ne le maudis pas, car il n'aurait plus qu'à mourir.

— Relève-toi, ami; ce n'est que devant Dieu qu'un homme doit s'incliner ainsi,

Va! ce n'est pas encore payer assez le bonheur d'être aimée de toi.

Ici le commissaire pressa de nouveau les deux jeunes gens qui, après être convenus de s'écrire dans la même journée, et de travailler de concert à leur liberté, se virent arrachés des bras l'un de l'autre par les exempts, et entraînés chacun dans une voiture différente, qui les attendaient sur la route. Une heure après, Lucien entrait à la Force, et Adrienne, dont le courage avait faibli à l'aspect de l'affreuse maison pénitencière, était emportée évanouie dans la chambre qui lui était destinée, et où on la déposa sur un mauvais grabat, sans autre précaution que de lui jeter un verre d'eau au visage.

A dix heures du matin de cette même journée, Psyché, arrivée à Sablonville, entrait en fredonnant dans la chambre à coucher d'Adrienne où, dans un coin, elle aperçoit la femme de chambre, les yeux baignés de larmes et poussant de douloureux sanglots.

— Qu'avez-vous donc, Manette? pourquoi vous désoler ainsi?

— Ah! madame!...

— Eh bien, quoi?

— Ah! si vous sa..a..aviez, quel... quel affreux mal... malheur...

— Pour Dieu! Manette, expliquez-vous; vous me faites mourir de frayeur... où est Lucien,... Adrienne?

Et la pauvre fille de raconter l'événement arrivé dans la matinée.

— Est-ce possible!! s'écrie Psyché avec effroi et surprise; quoi! cette bonne Adrienne, victime de la scélératesse de cette Adeline; Adrienne si bonne, si vertueuse, entraînée, enfermée dans le séjour du vice! Et Lucien! ce cher Lucien!... Manette, ne pleurez pas ainsi, mon enfant; soignez la maison de vos maîtres; moi, je cours de ce pas à leur secours, et leur porter des consolations. Soyez calme, ma chère fille; bientôt, j'espère, ils vous seront rendus.

Et cela dit, Psyché remonte dans son cabriolet, ordonne à son domestique de courir bride abattue vers la prison de Saint-Lazare. Elle arrive, demande à voir madame Betson; une pièce d'or lui ouvre les portes, et Adrienne, en poussant un cri de joie, vient tomber dans ses bras; les deux jeunes femmes se tinrent longtemps pressées sur le sein l'une de l'autre en versant d'abondantes larmes.

— Vous en un pareil endroit, dans l'asile du vice, ma pauvre amie!

— Hélas! combien je prendrais mon

malheur en patience, si je savais Lucien plus heureux! les méchans l'ont aussi renfermé dans un séjour du crime, lui si probe, si délicat, confondu avec des malfaiteurs!

— Patience! patience! ma chère Adrienne, tout cela va changer de face ou j'y perdrai mon nom! fait Psyché d'un ton animé; infâme Albert! misérable Adeline! jouer un pareil tour! ajouta la danseuse avec indignation; mais quel est donc leur projet?..

— Adeline, hélas! désire rentrer avec son époux, répond candidement Adrienne en soupirant.

— Le plus souvent! elle s'en garderait bien, et je suis persuadée, moi, que la pauvre femme n'est pour rien dans tout ceci.

— Cependant, elle-même à signé et déposé une plainte en adultère contre son époux, répond Adrienne.

— Oui, vous avez raison, son consentement était nécessaire. Mais comment a-t-elle pu le donner, elle qui manifestait tant d'estime pour Lucien, qui se réjouissait de le savoir heureux près de vous; oh! il y a quelque chose là-dessous qu'il faut que j'approfondisse aujourd'hui même ; plus encore, il me faut lui arracher son désistement, la liberté de Lucien, la vôtre enfin ! mais avant, je cours demander à la police la permission de vous faire transférer dans une maison de santé; car vous ne pouvez, ma chère amie, habiter plus long-temps cette odieuse prison.

— Ah! Psyché, que de reconnaissance ne vous devrai-je pas ! surtout, songez à Lucien, qu'il soit libre avant moi.

— Non, pas de reconnaissance de votre

part, mais de l'amitié, beaucoup d'amitié.

— Beaucoup! et pour la vie! répond Adrienne, embrassant Psyché.

Un instant après, l'épouse de Tonton s'éloignait avec l'espoir de revenir bientôt apporter de bonnes et consolantes nouvelles.

A cinq heures du soir, munie d'une permission du parquet, obtenue par Psyché, Adrienne quittait Saint-Lazare pour habiter une maison de santé de Chaillot, où elle devait attendre les résultats de cette affaire malheureuse.

XVII

Macédoine.

C'est au parquet du procureur du roi, que Psyché, non sans mille difficultés, est parvenue à connaître la demeure d'Adeline, où elle s'empresse de se rendre aussitôt; et c'est en entrant dans la rue de Verneuil, que ses yeux aperçoivent au loin la pauvre Adeline, pâle, amaigrie et se traînant avec peine.

Toutes deux se sont aperçues en même temps; Adeline, honteuse de la présence de Psyché, et voulant l'éviter, se jette dans une porte cochère où elle demeure cachée jusqu'à ce que la danseuse, qui a quitté son cabriolet pour courir après elle, se présente à ses regards.

— Tu me fuis, Adeline, pourquoi m'éviter, ne suis-je donc plus ton amie?

— Oui, si je suis encore la tienne, répond Adeline embarrassée.

— J'allais chez toi, Adeline, tu fuis ma visite.

— Chez moi, Psyché?..

— Eh oui! chez toi, crains-tu de me recevoir? va, ma pauvre amie, ne rougis pas ainsi, car je connais tes malheurs, combien tu es à plaindre? allons conduis-moi, car je t'apporte des consolations, du bonheur si tu veux, viens, viens Adeline, j'ai beaucoup à causer avec toi, mais avant, dis-moi si je dois trouver Albert chez toi?

— Albert! oh non! soupire douloureusement Adeline, viens donc Psyché, puisque tel est ton désir.

Et cela dit, la jeune femme entraîne son amie et toutes deux sont bientôt assises l'une près de l'autre dans la misérable chambre dont les yeux de Psyché contemplent la nudité en soupirant tout bas.

— Quel heureux souvenir te ramène près de moi, Psyché?

— Un désir que j'eusse satisfait depuis long-temps, ma chère, si tu n'avais caché ta demeure à toutes tes connaissances.

— Et qui donc te l'a enseigné?

— Les gens chargés de tes affaires contre ton mari, et c'est Lucien qui, de la prison où tu l'as plongé, m'envoie près de toi.

— Ah! tu sais donc?..

— Oui, Adeline, je sais tout, oh! que c'est mal de ta part!

Et la pauvre Adeline de gémir, de pleurer à chaudes larmes.

— Adeline, ne pleure pas ainsi, ma chère enfant, car tu n'as pas commis cette action infâme de ta propre volonté.

— Non! non! mais pour conserver mes enfans!.. Ah! Psyché, Psyché, je suis bien malheureuse!..

— Pauvre femme! conte-moi tes douleurs, peut-être me sera-t-il permis de les adoucir.

— Oh non! il n'y a pas de remède pour

une douleur si profonde, la mort seule peut la détruire, mais je suis mère, ma bonne Psyché, et mes pauvres enfans n'auront que moi un jour pour soutien.

— Oui, pense à vivre pour eux, chère Adeline, pour les aimer, les chérir. Hélas! que n'es-tu aussi bonne épouse que bonne mère!

— Demande à l'enfer pourquoi elle a vomi de ses gouffres le démon qui me tourmente et me persécute.

— Ne peux-tu donc, en t'armant de fermeté, t'affranchir de cet homme?

—Oublies-tu qu'il est le père de mes enfans, qu'il les tient en sa puissance, qu'il est le maître de m'en priver pour toujours.

— Les lois ne sont-elles pas là pour te les faire rendre?

— Hélas! suis-je digne d'implorer leur

secours? et la honte d'un tel procès!

— Crois-tu donc, Adeline, que celui que tu viens d'entamer entre toi et ton mari soit moins scandaleux?

— Ah! il n'aura pas lieu, jamais, jamais!

— Pourquoi alors avoir fait arrêter Lucien et Adrienne?

— Mon Dieu! mon Dieu! ne m'accuse pas de cette horrible chose, Albert seul en est l'auteur.

— Je l'ai pensé de suite, ma chère Adeline, mais comment se fait-il qu'il ait obtenu ton adhésion?

— Hélas! par la violence, en me menaçant de s'éloigner avec mes enfans, de me les ravir à jamais.

— Mais enfin, quel est son but en troublant ainsi le repos de Lucien, celui d'Adrienne?

— De les forcer à racheter leur liberté, et d'éviter un procès scandaleux.

— Et quelle somme demande-t-il pour tant de clémence?

— Une somme énorme, cent mille francs.

— Cent mille francs! exclame Psyché, peste! le chiffre est beau, enfin, il est l'avoir entier de ce pauvre Lucien, qui, pour sauver l'honneur d'Adrienne, en fera certainement l'abandon et qui après se trouvera sans ressource, ainsi donc, il est dit, ma pauvre Adeline, que sans cesse ton affreux amant profitera de ta faiblesse pour ruiner le meilleur des hommes, ton époux, enfin! et tu y consens, Adeline, et tu n'es pas morte cent fois avant de donner ton consentement à un pareil acte? Oh! c'est affreux!

— Psyché, au nom du ciel! ne m'accables pas de tes reproches, je te l'ai dit, hélas! j'ai cédé pour mes enfans.

— Folle! que veux-tu qu'il fasse de tes enfans? ne sont-ils pas inscrits à l'état civil, sous le nom de Lucien, n'appartiennent-ils pas à ton époux comme fruit de votre mariage? ne sais-tu pas que si ton amant osait en disposer, la justice lui en demanderait un compte terrible à la première plainte de toi ou de Lucien; bannis donc, enfant, une crainte ridicule et ne te souille pas d'opprobre et de mépris, en osant traîner ton époux et ta cousine, devant les tribunaux, crois-moi, Adeline, renonce à ta plainte, signe à l'instant-même ton désistement et rends la liberté aux infortunés dont tu as troublé le repos et le bonheur.

— Hélas! je le voudrais, mais Albert! ô mon Dieu! que dira-t-il?

— Que t'importe ! n'es-tu pas maîtresse de tes actions? fais ce que je te conseille, Adeline, et de suite, une pension que te fera ton mari te sortira de la gêne et te mettra à même d'élever tes enfans sans le secours de leur véritable père, suis mon conseil, te dis-je, et ton oncle qui t'aime encore, qui te demande à grands cris, te recevra de nouveau chez lui, te léguera sa petite fortune, car alors, il ignorera la vilaine action que tu as commise, et dont la connaissance t'attirerait sa malédiction, fais donc ce que je te dis, et tu seras presque riche alors, tandis que les cent mille francs qu'exige ton Albert, seraient aussitôt engloutis par le jeu et les folles dépenses, tandis que toi, pauvre infortunée! tu n'en végéterais pas moins dans la misère et l'abandon.

— Psyché, es-tu certaine qu'il ne peut me priver de mes enfans?

— Impossible, sans encourir un procès criminel.

Maintenant de la fermeté, Adeline, viens, suis moi chez un avoué qui se chargera, d'après ton autorisation, de terminer cette affaire au plus tôt : hâtons-nous ma chère, car l'honneur t'en fait un devoir.

Adeline se rend à l'invitation de Psyché, l'homme de loi reçoit son désistement et, par les conseils de la danseuse, lui fait signer une demande en séparation de corps, dont, pour quelqu'argent, il se fait fort d'obtenir le prononcé.

Trois jours se sont écoulés depuis cet événement, et Adeline n'a point encore revu Albert, qui depuis long-temps vit séparé d'elle. Mais durant cet abandon de la part de son corrupteur, comment la pauvre délaissée, soutient-elle son existence? Par un travail assidu, dont le salaire est à peine suffisant à ses besoins, et que lui ont procurée quelques voisines charitables, Adeline a repris son état de modiste. Le troisième jour après la visite de Psyché, se présente chez elle un clerc de notaire, venant de la part de Lucien, et apportant le premier trimestre d'une pension de mille écus, que son mari s'engage a lui payer chaque année et par trimestre. Adeline soupire, n'ose accepter ce bienfait dont elle se sent si peu digne, mais, pressée par le clerc, elle se décide et signe le reçu de la somme, en même temps que l'acte d'acceptation de cette pension alimentaire.

Seule de nouveau, et l'argent négligé sur la table devant laquelle la jeune femme est assise, Adeline donne cours à ses douloureuses réflexions, et des larmes sincères au souvenir et à la généreuse bienfaisance de l'époux qu'elle a si indignement outragée.

Un coup rudement frappé sur la porte, arrache la repentante à ses pensées, et Albert se présente à sa vue, le front soucieux et sévère.

— Enfin c'est vous! ah! pouvez-vous ainsi me délaisser, m'abandonner à mes remords, à ma douleur profonde.

— Vos reproches me paraîtraient juste, si je ne venais d'apprendre chez votre homme d'affaire que vous savez mieux occuper le temps qui s'écoule pendant mes absences, qu'à pleurer sur mes prétendues rigueurs à votre égard. Dites-moi maintenant quelle sotte et fatale idée vous a passée par la tête, de retirer votre plainte, et de rendre la liberté à nos captifs, avant d'avoir obtenu la somme que j'avais imposée pour leur rançon? aviez-vous donc oublié mes menaces, et en craignez-vous si peu les effets que vous ayez osé me braver impunément?

— J'ai fait mon devoir, Albert, que m'importe après tout votre opinion, votre mécontentement, suis-je donc votre esclave pour ne devoir agir que selon vos ordres et vos désirs? non, non, depuis trop de temps dèjà, je suis vos funestes conseils et m'aperçois, mais hélas! trop tard, qu'ils ne m'ont conduit qu'à ma perte. Dites monsieur, dites, quelle fruit ai-je retiré de ma lâche complaisance? comment avez-vous récompensé ma soumission à vos caprices? par de mauvais procédé, par l'abandon, le mépris de chacun et la misère qui m'accable.

Cette somme, immense, prix de la

liberté de mon époux, que comptiez-vous en faire? selon votre louable coutume, la dissiper dans le jeu et la débauche sans doute? eh bien! j'y ai renoncé, oui, j'ai refusé de ternir l'honneur du plus parfait des hommes, plus encore, par une séparation prononcée par les lois, j'ai brisé les droits que j'avais sur sa personne, droits dont vous m'avez rendue indigne!...

— Adeline! Adeline! as tu fini de lasser ma patience? malheureuse! as-tu donc oublié que les êtres qui te sont les plus chers, tes enfans, enfin! sont en ma puissance, que tu ignores même le lieu qui les recèles, que je puis m'en emparer et t'en priver pour jamais?

— Avez-vous oublié vous-même, que ces infortunés, d'après la loi du mariage, appartiennent à Lucien, savez-vous qu'il se dispose à les réclamer, à les ravir à votre fureur, à votre main homicide peut-être!...

— Malheureuse!!! s'écrie Albert transporté de fureur et levant sur Adeline un bras menaçant.

Mais son brusque mouvement a renversé la table et l'argent qu'elle portait, argent qu'Adeline avait soustrait à ses regards en le couvrant machinalement de l'ouvrage qu'elle tenait en main, lorsqu'Albert frappa à la porte et qu'elle fût lui ouvrir.

L'aspect de ce métal si précieux, arrêta le geste d'Albert et produisit sur lui l'effet d'un talismant; car, son courroux se calma aussitôt, ses yeux perdirent leur terrible expression et un sourire de satisfaction vint presque effleurer ses lèvres.

— D'où vient cet argent? fit-il entendre

doucement. Mais Adeline encore toute effrayée n'eut pas la force de lui répondre.

— Sans doute, le prix de ta lâche complaisance? reprit-il. Cette fois encore la pauvre femme ne répondit que par des larmes abondantes.

— Réponds! réponds donc! s'écrie Albert, en s'animant de nouveau.

— De mon époux.

— Et pour cette misérable somme, tu as trahis nos projets? renoncé à ce qui nous eut mis à même de rétablir notre fortune, maladroite! cent fois maladroite!

— Lucien m'accorde trois mille francs de pension, dont voici le premier trimestre.

— Ah! ah! fait Albert, est-ce par contrat!

— Non, de sa propre volonté.

— Sottise alors, que faire de cette bagatelle, comment entreprendre avec cette parcelle d'argent, il vous faut exiger un contrat, puis le vendre et en employer le prix avec adresse, tenter la fortune enfin !

— Échouer et retomber encore dans la misère ! répond Adeline avec fermeté.

— La misère ! crois-tu donc qu'elle m'épargne plus que toi? que sans l'horrible dénuement où elle me plonge, je ne serais pas venu à ton secours? Non, non! plus de folie, mais une mûre expérience acquise par le malheur. Crois-moi donc, Adeline, toi si bien faite encore pour briller et plaire, ne te condamne pas à végéter éternellement, et lorsque cela ne serait que pour ta propre santé, exige un acte en bonne forme de cette pension, que les lois t'accorderaient, même en dépit de ton mari.

— Paroles inutiles, Albert, désormais je

renonce à importuner mon époux, jamais il n'entendra parler de moi, cette pension est suffisante pour moi et mes enfans, quant à vous, sachez profiter de cette expérience de laquelle vous vous vantez, pour subvenir à vos besoins, car, je ne puis plus rien pour vous.

— Quoi! pas même me secourir en ce jour de malheur! dit Albert, en indiquant du regard l'argent qui couvre le carreau.

— Êtes-vous donc si malheureux qu'un tel secours vous soit nécessaire?

— Hélas! dois-je t'avouer que depuis deux jours mon corps est privé d'alimens, répond Albert avec émotion.

— O ciel! est-ce possible! pourquoi alors, ne pas être venu près de moi? oh! prenez, Albert, prenez, dit Adeline en ramassant l'argent la première et l'empilant dans les mains avides de l'hypocrite.

— Merci, merci! ô toi ange de bonté et de miséricorde, toi qui daignes oublier l'injure et prendre pitié de mes regrets, de mon malheur. En disant ainsi, Albert était tombé aux genoux d'Adeline, des larmes même brillaient dans ses yeux, et leur présence augmentait le trouble et l'émotion dans l'âme de la pauvre femme.

— Assez, assez! je ne te demande qu'un secours, et non le sacrifice entier du peu que tu possèdes, fait entendre Albert, en feignant de repousser l'argent dont Adeline veut achever de lui remplir les mains. Ah! appaise plutôt la faim qui me dévore, soulage ma faiblesse, du pain! du pain! mon Adeline! Et la jeune femme de courir à une petite armoire, d'en sortir un pain et le reste du met frugal, et de servir le tout avec soin et empressement. Albert mange un instant avec avidité, puis repousse la nourriture sous le prétexte qu'il se sent indisposé; inquiétude d'Adeline qui le questionne sur le mal qu'il ressent.

— Adeline! prends pitié de moi. Et la tête du jeune homme tombe défaillante sur le sein de la jeune femme, en même temps que ses bras entourent sa taille.

— Albert, Albert! reviens à toi, quitte-moi, afin qu'il me soit possible de te procurer les secours qu'exigent ta souffrance.

— Non, non, reste près de moi, je me sens mieux, beaucoup mieux; oh! merci, merci, de ta tendre sollicitude, bonne Adeline! Puis, en parlant, il baisait les mains qui le débarrassaient de sa cravate, puis, levait vers les yeux d'Adeline des yeux humides et remplis de l'expression de la reconnaissance, et ses mains caressaient la jolie tête de celle qui, en ce moment, oubliant son indigne conduite, pleurait avec lui et compatissait à ses maux.

— Albert, mon Albert, dis-moi que tu ne me délaisseras plus, qu'à l'avenir je serai ta compagne fidèle et chérie, fait entendre Adeline d'une voix émue.

— Je te le jure, ma douce amie!

— De plus, que nous ne tourmenterons plus Lucien, que tu chercheras un emploi, n'est-ce pas, mon Albert, un emploi honorable, dont le salaire, joint à la pension que consent à me faire mon époux, nous mettra à même de mener une vie heureuse et tranquille, et d'élever nos chers enfans.

— Oui, tous tes conseils seront suivis, heureux, cent fois heureux, si par ma soumission je parviens à réparer ma conduite passée.

— Eh bien! à ce prix je te pardonne, Albert, mais songe, ami, qu'il serait affreux à toi, de te faire de nouveau un jeu de ma faiblesse.

Albert, qui ayant repris sa place et attiré Adeline sur ses genoux, n'avait cessé, durant ce dialogue, de la combler de caresses, de la presser sur sa poitrine, enfin, d'affecter toutes les allures d'un homme passionné, et la pauvre dupe trompée par ce faux semblant de repentir, de raconter la visite de Psyché, l'entretien qu'elle avait eu avec elle et les démarches entreprises pour libérer Lucien et Adrienne, et voyant Albert froncer le sourcil :

— Ah ! mon ami, ne regrettons pas mes coupables succès, et avoue que notre conduite était indigne, ajouta Adeline, cette bonne Adrienne, si douce, si timide ; flétrir sa réputation, la traîner devant un tribunal, oh ! mon oncle Duplan ne m'eut jamais pardonné cette faute, lui si indulgent pour toutes celles que j'ai commises.

— Que t'importe la colère d'un oncle, qui ne pense sans doute plus à toi.

— Tu fais erreur, Albert, mon oncle me désire, m'appelle pour me presser dans ses bras, et d'après la renonciation de ma cousine à son héritage, il me donne tout son bien après sa mort.

— Hum ! voilà qui est beau et nullement à dédaigner, car on le dit riche le bonhomme.

— Du moins fort à son aise, reprend Adeline.

— Je pense ma chère, puisqu'il est si fort disposé en ta faveur, que tu ferais sagement de lui faire une visite, d'essayer à reprendre pied dans sa maison et voir comme s'y passent les choses : pense qu'un homme de cet âge se laisse facilement dominer, influencer, lorsqu'il est riche il y a toujours près de lui des gens intéressés à lui faire oublier la famille, à changer les dispositions testamentaires, crois-moi, Adeline, en faveur de nos chers enfans, ne laissons point échapper par une coupable négligence, ce qui un jour doit assurer leur avenir.

— Oui, tu as raison, mon ami, mais je l'ai tant négligé, j'ai payé sa tendre sollicitude d'une telle ingratitude, que je n'ose m'offrir à ses yeux, malgré le brûlant désir que j'en ai.

— Enfant! doit-on craindre de réparer ses torts, ai-je hésité à te demander grâce, moi si coupable envers toi?

— Albert, si je lui écrivais, si je lui annonçais ma visite, en lui demandant indu gence pour ma longue absence, pour mon coupable oubli à son égard?...

— Je t'y engage et me charge de lui remettre ta lettre, de te rapporter sa ré ponse.

— Tu oserais Albert?...

— Pourquoi pas?

— Et tu te ferais connaitre à lui?

— Oui, mais non pour ce que je suis connaissant le faible du cher homme, je me dirais comédien.

— Ce sera un titre certain à sa bienveillance. Or donc: je vais suivre ton conseil, écrire et te charger de la lettre. Mais avant, puisque tu ne parais pas te ressentir de ton indisposition aide-moi à ramasser le reste de cet argent.

Et tous deux se mettent à l'ouvrage.

— Albert, reprend Adeline, en s'arrêtant et fixant le jeune homme, avec des yeux aussi tendres que supplians, mon Albert, n'emploierons-nous pas une partie de cette somme à satisfaire mon désir le plus ardent?

— Explique-toi, et je souscris d'avance à ce désir qui est!...

— D'aller avec toi, voir et embrasser nos petits enfans.

— Heureuse sympathie! j'allais te faire la même proposition, répond Albert.

— En vérité! ah! tu es devenu le meilleur des hommes, mon ami. Chers petits! quel charme pour moi de les couvrir de baisers, d'admirer leurs grâces enfantines, leur joli visage, car ils doivent être beaux, bien beaux! s'ils te ressemblent, mon Albert.

— Dis plutôt, s'ils ressemblent à leur mère.

— Bon, et de plus galant, ah! c'est trop à la fois mon ami, dit Adeline en souriant gracieusement et déposant ensuite un baiser sur la main de l'amant.

— Je pense qu'il serait nécessaire, afin d'obtenir une bonne réception de la nourrice, de lui envoyer d'avance l'argent dont nous lui sommes redevables, dit Albert.

— Certainement, et de suite mon ami.

— Remets-moi donc la somme, afin de la lui faire passer.

— Prends-toi même, cet argent n'est-il pas à ta disposition?

La soirée et la nuit s'achevèrent dans ce doux accord; et le lendemain, Albert, après avoir fait à Adeline la promesse d'une courte absence, s'éloigna en emportant la moitié de la somme qu'elle possédait, plus, une lettre pour l'oncle Duplan et la recommandation de tout disposer au plus tôt pour le voyage chez la nourrice.

Ce fut vers le Mont-de-Piété que le jeune homme dirigea d'abord ses pas et où il se présenta armé de la mission d'Adeline. En ce moment M. Duplan, dans la salle du bas, donnait audience à plusieurs personnes qui toutes le chargeaient de divers engagemens et dégagemens.

— Donnez-vous la peine de vous asseoir un instant, monsieur, je suis à vous dans cinq minutes, répond le concierge à Albert. Ce dernier se rendant à l'invitation, va s'asseoir dans un coin de la loge et demeure témoin des nombreux et riches objets confiés à la probité de M. Duplan qui, après les avoir dégagés, les renferme précieusement dans une grande armoire où ils doivent rester jusqu'à ce que leur propriétaire revienne les réclamer.

— Je suis tout à vous, monsieur, dit le

vieillard après avoir congédié la dernière personne.

— Monsieur, c'est de la part de votre nièce Adeline.

— Une lettre de ma pauvre Adeline! s'écrie le concierge avec joie, donnez-vous donc la peine de monter, monsieur, car je présume qu'il vous faut une réponse.

— Oui, monsieur, répond Albert une fois dans la chambre.

— Comment se porte cette chère enfant?

— Fort bien.

— Où est-elle? Que fait-elle en ce moment?

— Veuillez prendre connaissance de cette lettre, monsieur, je présume qu'elle vous instruira entièrement de tout ce que vous désirez savoir. Et l'oncle de mettre ses lunettes, de briser le cachet et de lire la missive avec attention.

— Cette chère enfant! elle me demande pardon pour m'avoir délaissé quelques temps! elle m'aime toujours!... elle désire me revoir et me promet un amour de fille, des soins constans!... Pauvre petite! sa lettre me fend le cœur, ajoute M. Duplan. Monsieur, dites-lui, que tout est oublié, que je n'ai jamais cessé de l'aimer comme un père aime son enfant, dites-lui, que mon plus grand désir est de la revoir, de la presser sur mon cœur et que, puisqu'il ne lui est plus possible de rentrer avec son mari, je l'engage à venir vivre près de moi, qu'elle sera la maîtresse en ce lieu, et l'héritière de tout mon bien; car, tel est aussi le vœu de sa cousine Adrienne, qui en sa faveur renonce à la part que je lui destinais.

— Oui, monsieur, oui, je lui dirai tout cela et croyez qu'elle y sera fort sensible.

— Ah? ça, elle ne revoit plus j'espère ce polisson d'Albert, ce misérable qui a eu l'infamie de l'enlever à son mari?...

— Fi donc! elle, le revoir, jamais, séparation éternelle entre eux.

— Ah! tant mieux! tant mieux! fait le concierge en se frottant les mains. Mais vous, monsieur, qui paraissez vous intéresser si vivement au sort de ma nièce, qui donc êtes-vous? ajoute M. Duplan.

— Artiste dramatique, monsieur.

— Vous êtes artiste, touchez là, car j'idolâtre les artistes moi. Quel genre est le vôtre, monsieur!

— L'emploi des premiers rôles dramatiques, répond Albert.

— Superbe! en vérité, je vous en fais

mes complimens. Ah çà, sans façon, voulez-vous me faire l'amitié d'accepter mon dîner? dit M. Duplan.

— Je le voudrais, de grâce excusez-moi, madame votre nièce attend votre réponse avec la plus vive impatience, et je me suis engagé à la rapporter le plus tôt possible.

— C'est juste, la pauvre enfant doit être fort inquiète, allez donc la rassurer monsieur, et hâter son retour sous le toit paternel.

— Qu'elle sera heureuse en apprenant votre extrême bonté, mais avant de m'éloigner, monsieur, j'ai pour mon compte une grâce à vous demander.

— Parlez, jeune homme, parlez!

— La faveur de venir saluer quelquefois l'aimable oncle de ma chère camarade.

— Tout le plaisir sera pour moi, mon cher ami, venez, venez ici, vous trouverez aimable accueil et franche amitié, mais à la condition, que vous m'amènerez Adeline dès demain.

— Je m'y engage, répond Albert.

— A propos! comment vous nommez-vous, mon cher ami?

— Olivier.

— Eh bien, Olivier, venez demain dîner ici avec ma chère nièce.

— Volontiers, mais avant d'amener Adeline, je dois vous prévenir qu'elle ne veut y rencontrer de long-temps sa cousine.

— Adrienne, impossible! elle n'y vient jamais.

— Et l'époux de votre nièce?...

— Rarement, et lorsqu'il saura que sa femme demeure avec moi, je crois qu'il ne sera guère tenté de se trouver face à face avec elle. C'est fâcheux, car, j'eus été flatté de vous faire faire sa connaissance, c'est un si excellent garçon que Lucien! soit dit entre nous, mon cher monsieur Olivier, les torts sont tous du côté de cette folle d'Adeline, qui, vraiment, avait trouvé dans Lucien le plus parfait des hommes; c'est vraiment dommage que le diable ait déchaînê après ma nièce cet enragé d'Albert pour lui tourner la tête.

— Cet homme est donc bien dangereux? demande Albert.

— Hum! un mauvais sujet, un dissipateur, enfin, un véritable chevalier d'industrie.

La conversation dura encore quelques instans, et les nouvelles connaissances se séparèrent après promesse de se réunir le lendemain.

Minuit sonnait, comme Albert sortait de Frascati où il venait de perdre sur le tapis d'une roulette, l'argent que lui avait remis

Adeline pour solder celle qui, depuis la naissance de ses enfans en avait pris soin sans jamais avoir reçu la moindre rétribution de ses peines.

— C'est toi, mon ami? ah! que j'étais inquiète de ne point t'avoir revu de la journée, disait Adeline en courant à Albert.

— Tu m'accusais déjà sans doute d'un nouvel abandon, n'est-ce pas?... La jeune femme baissait la tête et laissait ces mots sans réponse, lorsqu'Albert ajouta.

— C'est mal, très mal, ma chère, de perdre sitôt confiance; sache donc, que la grande quantité d'affaires qu'il m'a fallu terminer en ce jour est l'unique cause de ma longue absence.

— Je te crois, mon ami, et puisque je te revois, tous sombres nuages, toutes tristes pensées s'éloignent de ton Adeline. Mais dis-moi, as-tu vu mon oncle?

— J'ai passé trois heures avec lui...

— Eh bien?...

— Eh bien... il t'adore toujours, te désire, te demande et t'attend.

— Quel bonheur! exclame joyeusement Adeline.

— Et de plus, ajoute Albert, je te conduis demain près de lui, où tu t'instales en qualité de maîtresse de maison.

— Moi, demeurer avec mon oncle, y penses-tu, Albert? Mais alors il faudrait nous séparer.

— Pas positivement; car j'ai gagné la confiance et l'amitié du bonhomme, sa porte m'étant ouverte, il nous sera donc facile de nous voir chaque jour.

— Oui, mais avec contrainte, sans être libre de nous livrer au moindre épanchement, de nous donner la moindre caresse; oh! décidément! je ne puis y consentir.

— Et moi, je veux qu'il en soit ainsi.

— Oh ciel! encore de la violence! s'écrie Adeline effrayée.

— Oui, mais cette fois, c'est avec raison, reprend Albert, en adoucissant son ton, et attirant la tête de la jeune femme sur sa poitrine. Songe, Adeline, qu'il s'agit aujourd'hui de conserver notre dernière chance de fortune, que sans le sacrifice que je t'impose: ton oncle te prive de son héritage, que dans ce moment nous sommes tous deux sans ressources.

— Hélas! mais vivre étrangers l'un à l'autre, puis-je m'y soumettre, moi qui t'aimes tant, mon Albert?

— Allons, Adeline, encore ce sacrifice, en faveur de nos chers enfans.

— Mon Dieu! qu'exiges-tu là!

— Un acte de sagesse, de raison.

— Mais alors, que feras-tu loin de moi?

— J'habiterai dans ton voisinage, je me lancerai dans de sages entreprises, je tenterai la fortune avec prudence, et j'assurerai un jour le bonheur et l'indépendance de la meilleure des femmes.

— Cet exil durera peut-être bien longtemps? soupire péniblement Adeline.

— Non, car mon brûlant désir, est de l'abréger le plus possible.

— Qu'il soit donc fait selon ta volonté, Albert, mais garde-toi de me trahir.

— Enfant! quand donc tes doutes cesseront-ils de m'offenser cruellement?

— Hélas! pardonne, Albert; mais quand on aime, on est si craintif.

— Éloigne toutes pénibles appréhensions et saches qu'aujourd'hui, j'ai fait passer à Dammartin l'argent que tu m'as remis.

— Très bien! as-tu par un mot d'écrit

prévenu la nourrice de notre prochaine visite?

— Sans doute.

— Et quand partons-nous? demande Adeline, je brûle d'impatience d'embrasser nos chéris.

— Bientôt, répond laconiquement Albert.

— Mais encore...

— Quelques jours après ton installation chez ton oncle.

— Pourquoi pas avant?

— Parce que le vieillard t'attend demain, qu'un retard pourrait l'indisposer contre toi.

— Ah! mon ami, que tu ne partages guère mon impatience et ne comprends pas le cœur d'une mère!

— Ton oncle d'abord, puis ensuite, tout à nos enfans.

Adeline, ne réplique plus, et tandis qu'Albert dort profondément à ses côtés, elle s'efforce à bannir mille affreuses et sinistres pensées, qui en venant l'effrayer et l'agiter, chassent le sommeil de son humide paupière.

— Sois la bien-venue, ma chère Adeline, oublions le passé et ne nous occupons que de vivre heureux et en paix, ici, à l'avenir, tiens lieu à ton vieil oncle, de tout ce qu'il a perdu, remplace près de lui ta pauvre tante, la bonne Adrienne.

Ainsi parlait monsieur Duplan, en pressant sa nièce dans ses bras, sa nièce, que monsieur Albert, dit Olivier, venait de lui présenter. Ceci se passait dans la petite chambre du haut, où se trouvait dressée en cet instant une table chargée de trois couverts, et autour de laquelle les trois convives ne tardèrent pas à se placer.

— Ne crois pas, ma mignonne, que je sois dans l'intention de te faire végéter long-temps dans cette mesquine demeure, si peu en harmonie avec ta gracieuse personne, non! bientôt nous l'échangerons contre un joli petit appartement, que tu décoreras et meubleras selon ton goût, car, je t'attendais, mon Adeline, pour quitter cette administration; où loyalement, et Dieu merci! j'ai su t'amasser une petite fortune qui doit te mettre à l'aise pour le reste de ta vie, moyennant que tu n'associeras pas un nouvel Albert aux dépenses de ton budjet.

Adeline se disposait à répondre, lorsque la servante de garde dans la pièce du bas, vint annoncer qu'une personne demandait à parler au concierge; monsieur Duplan, d'après cette invitation, quitta donc la table et descendit aussitôt. C'était un homme à la mise élégante, au ton tranchant, qui venait charger monsieur Duplan de dégager et de tenir à sa disposition un écrin garni d'une riche parure de diamans, engagé trois mois avant, pour une somme de vingt mille francs; lequel écrin, il devait revenir prendre le surlendemain.

Et Adeline, en apprenant cela de manifester à son oncle le désir de voir et d'admirer une si précieuse chose, et ce dernier, de promettre à sa nièce et à l'ami Olivier, de satisfaire leur curiosité aussitôt que ladite parure serait entre ses mains. Puis cette promesse faite, les trois convives de terminer gaîment leur dîner.

XVIII

Quelques mots.

— Oui Lucien, oui mon ami, je t'approuve, quittons le voisinage de Paris, celui de nos ennemis qui sans doute conspireront sans cesse contre notre repos. Il faut doubler la pension d'Adeline, qu'elle soit heureuse et que son bonheur venant de nous, elle renonce à nous persécuter. Partons, Lucien, allons habiter la province, loin, bien loin d'ici; que mon oncle connaisse seul notre retraite.

Ainsi répondait Adrienne aux paroles de Lucien, un soir que tous deux réunis au salon, ce dernier manifestait ses craintes sur de nouvelles attaques de la part de son épouse, qui toujours sous l'influence de l'infâme Albert, ne pouvait manquer d'inventer pour eux de nombreux tourmens et de nouveaux affronts. Aussi, le jeune homme craintif seulement pour son amie, à qui la dernière aventure avait porté un coup affreux, venait-il de lui proposer d'aller ensemble demeurer loin de la capitale, et habiter aux champs une propriété dont ils feraient l'acquisition. Tous deux d'accord sur ce point, il ne s'agissait plus que de le mettre à exécution.

— Mais, où irons-nous? demande Adrienne.

— Où il te plaira; n'importe où, je serai heureux pourvu que j'y sois près de toi.

— Non, choisis Lucien, surtout une belle campagne, que nous puissions parcourir ensemble. Tiens, vois ce journal, peut-être nous indiquera-t-il quelque habitation à vendre. Lucien prend la feuille et la parcourt.

— Montmorency.

— Non, c'est trop près de Paris, dit Adrienne, interrompant Lucien.

— A vendre à une lieue de Coulommiers, et dix-huit de Paris, une jolie habitation bourgeoise, maison de maître, jardin, parc à l'anglaise, pièce d'eau, etc.

— Voilà qui semble nous convenir, qu'en dis-tu Lucien?

— Je le pense ainsi que toi, si nous allions nous en assurer sur les lieux?

— Dès demain, si tu y consens.

— Je n'ai d'autre volonté que la tienne, et puisque tu le désires, partons dès demain.

— Par la voiture publique, n'est-ce pas, afin d'être moins remarqués?

— Volontiers, et sans prévenir qui que ce soit de cette démarche.

— Excepté cette bonne Psyché, cependant; nous lui avons tant d'obligation!

— Nous lui écrirons afin de l'instruire de notre absence et de notre projet, répond Lucien.

Fidèles à ce projet, Lucien et Adrienne roulaient le lendemain matin sur la route de la Brie. Huit heures de chemin, et ils arrivèrent à Coulommiers où, sans s'arrêter que le temps nécessaire pour prendre un léger repas, ils se firent aussitôt conduire à la propriété dont ils désiraient faire acquisition.

Ils arrivent, une maison charmante, sur une hauteur, dans la situation la plus riante, on doit y jouir d'un air pur, la vue est partout satisfaite. D'un côté l'on découvre une plaine immense et bien cultivée, bornée par l'horizon, arrosée par des rivières et des étangs, couverte de champs, de prairies et de bois qui varient le spectacle de la nature en la rendant plus agréable. De l'autre s'élèvent des montagnes chargées de villages, de vignobles, d'arbres de toutes espèces, le tout formant un amphithéâtre superbe où les regards s'arrêtent avec plaisir.

— Ah! le charmant séjour!! s'écrie

Adrienne, en admirant ces tableaux enchanteurs! ô mon ami! fixons-nous en ces lieux, car nous y trouverons le bonheur et la paix.

Lucien sourit à cet enthousiasme et prenant son amie par la main, la conduit dans l'intérieur de la maison, en suivant le concierge-gardien de cette demeure. Partout élégance et commodité, plus encore, c'est que ce joli séjour est meublé du bas jusqu'en haut, que tout est prêt pour y recevoir les acquéreurs.

— Le prix de cette propriété! demande Adrienne.

— Quatre-vingt mille francs. C'est pour rien.

— Le propriétaire!

— A Coulommiers.

— Pourait-on traiter de suite et entrer de même en jouissance?

— Oui.

Et les deux amans joyeux, de parcourir les jardins, le parc, de former mille projets d'embellissemens, puis, deux heures après, de retourner à Coulommiers, afin de conclure aussitôt l'achat de ce petit bien, dont, le même jour, Adrienne devint la propriétaire.

— Oui, ma chère Adeline, j'ai refusé, parce qu'il eut fallu pour vivre à ce Coulommiers, me séparer de toi, renoncer au bonheur de te voir chaque jour, et d'entendre ta jolie bouche me réciter quelques tirades de bonne comédie, ensuite, Adrienne est une excellente fille; mais elle n'a pas l'âme artiste, et moi je n'aime que les gens qui le sont, tels que toi par exemple, mon enfant, sans oublier ce cher Olivier, ton brave camarade que j'estime de tout cœur, et dont j'apprécie fort le talent; oh! ce garçon doit être superbe à la scène! mais en parlant de lui, sais-tu ce qu'il devient? voilà près de six jours que nous ne l'avons vus. Ainsi disait à Adeline, M. Duplan, arrivant de Sablonville, où il était allé visiter les deux amans, de retour de Coulommiers, depuis huit jours.

— Je l'ignore! soupire douloureusement Adeline, sans lever les yeux de l'ouvrage à l'aiguille qu'elle tient en ce moment, et Lucien sans doute accompagne Adrienne, dans son nouveau séjour? demande la jeune femme désireuse de détourner la sation.

— Oui, tous deux désormais semblent inséparables. Oh! ils étaient faits l'un pour l'autre, franchement! il est fâcheux que ton joli minois soit venu se jeter à la traverse, pour contrarier l'union de ces deux êtres là.

— Ils ignorent mon séjour en ce lieu, n'est-ce pas, mon oncle?

— D'après ta défense, je me serais bien gardé de les en instruire.

— Surtout si le hasard amenait l'un d'eux chez vous, par grâce, mon oncle! prenez bien garde qu'il ne m'aperçoive, hélas! j'aurais tant à rougir!

— Sois sans inquiétude; seulement fais en sorte, pour le peu de temps qui nous reste encore à demeurer en cette administration, de te tenir renfermée dans cette chambre, pendant les courts instans où je m'absente.

— Je me garderai bien d'agir autrement; et cependant, depuis que j'habite avec vous, il m'a fallu plus d'une fois descendre aider votre servante à répondre à la foule qui se presse ici; et ce matin encore, tandis que vous étiez chez Adrienne.

— Tu as eu tort, grand tort; que ceux

qui sont pressés reviennent, où attendent. A propos! pendant cette même absence personne n'est encore venu réclamer cette maudite parure de diamans dont le dépôt et la responsabilité me pèsent si fort?

— Non, mon oncle, elle est toujours là, dans votre secrétaire.

— Voilà qui est singulier! laisser une telle valeur si long-temps entre des mains étrangères! cependant tu t'en rappelles, n'est-ce pas? c'était le jour de ta rentrée ici; celui qui me chargea de ce précieux dégagement devait revenir le chercher, disait-il, le lendemain où le surlendemain. Cet homme serait-il mort? vraiment, je ne conçois rien à une pareille négligence.

En ce moment un bruit de pas se fit entendre dans le petit escalier, la porte s'ouvrit et Albert se présenta aux regards d'Adeline et de M. Duplan.

— Ah !! exclama la jeune femme avec surprise et émotion.

— Arrivez-donc, mon cher Olivier, il y a un siècle que vous n'êtes venu nous voir ; Adeline et moi nous en plaignions à l'instant.

— Veuillez m'excuser tous deux, mais des affaires de la dernière importance m'ont seules retenues loin de vous.

— C'est bien, très bien ! vous voilà et tout est oublié, dit le concierge en tendant à Albert une main amie que ce dernier presse aussitôt dans la sienne. Allons, Adeline, ne sois pas rancunière ; ne le boude pas, car c'est un bon garçon qui sans de graves motifs, comme il l'a dit fort bien, ne serait pas resté loin de nous, ajoute le vieil oncle.

— Suivez le sage conseil de monsieur, Adeline, ne m'en voulez pas et déridez ce front soucieux, lorsque l'amitié revient près de vous.

La jeune femme ne répond à cette invitation que par un regard où se peignent la douleur et le reproche.

— Eh bien! monsieur Duplan, avez-vous revu, depuis mon absence, votre seconde nièce et son amie? demande Albert.

— Nullement, oh! j'ai repoussé trop loin leur invitation pour que l'un ou l'autre soit tenté de me la réitérer. Par exemple! moi, l'ami des arts et des artistes, aller m'enterrer tout vivant dans leur province, fi donc! vive Paris et ses théâtres!

— C'est, m'avez-vous dit, près de Coulommiers, qu'est située la propriété dont madame Betson vient de faire l'acquisition?

— Oui, tout près, à une lieue au plus. Ils disent cette habitation charmante, mais, à mes yeux, elle a un grand défaut...

— Lequel?

— Celui d'être située à la campagne.

— Cependant son séjour n'est pas sans charme pour un amateur de la belle nature.

— C'est possible; mais je ne l'aime qu'à l'Opéra, à la lueur des quinquets: alors la verdure me semble plus fraîche, l'air plus doux, le rossignol plus harmonieux.

L'entretien se prolongea ainsi jusqu'à ce que sonnât l'heure à laquelle Albert avait coutume de se retirer, chaque soir qu'il passait en la compagnie du concierge et de sa nièce; aussi, après avoir annoncé sa visite pour le lendemain, se retira-t-il sans avoir obtenu un seul mot de la bouche d'Adeline; et, comme alors il était près de minuit, M. Duplan, après avoir grondé sa nièce sur la mauvaise réception faite par elle à l'ami Olivier, prit le chemin de sa chambre à coucher, située à l'étage supérieur.

Restée seule, Adeline, loin de se mettre au lit, s'abandonne à une pénible rêverie; ses yeux même s'humectent de larmes; et, la tête penchée sur son sein, la pauvre femme reste long-temps dans une profonde immobilité à laquelle ne l'arrache avec surprise qu'un léger coup frappé sur la porte de la chambre.

— C'est lui! murmure Adeline se levant aussitôt et courant ouvrir à Albert.

— Je vous sais gré d'être revenu, monsieur, car j'ai besoin d'une longue et franche explication de votre part.

—Adeline, de grâce! pardonne une absence involontaire. Sache que des affaires de la dernière importance ont captivé tout mon temps et m'ont éloigné de Paris le temps que j'ai passé loin de toi.

— Je ne vous crois plus, Albert.

—Pourquoi cette méfiance? fait le jeune homme avec humeur.

— Parce que vous avez abusé de ma crédulité; qu'en vous je n'ai sans cesse rencontré que mensonge et perfidie. Albert, j'ai réfléchi mûrement durant votre absence, et j'ai pris un parti irrévocable, celui de nous séparer pour toujours.

— Qu'entends-je! d'où vient ce nouveau caprice?

— De l'indignité de votre conduite à mon égard.

—Mais penses-tu, cruelle, que je t'aime encore, qu'une rupture entre nous ferait mon désespoir, que je ne pourrais la supporter?

— Prouvez-le moi donc, monsieur, et

essayez de changer cette résolution qui vous désespère, dites-vous, en me conduisant, dès demain, près de mes enfans dont je ne reçois nulle nouvelle, malgré les lettres que je n'ai cessé d'écrire depuis un mois à celle qui prend soin de leur enfance; ce silence m'alarme, me glace de crainte, et vos remises continuelles à entreprendre ce voyage avec moi redoublent mon effroi.

— Qu'il en soit selon ta volonté, mon Adeline; mais dès lors plus de bouderie, et que ta bouche gracieuse daigne sourire à ton Albert.

— Ah! répondez encore, monsieur, avant d'exiger un sourire, lorsque le désespoir déborde mon cœur. Cette promesse que vous venez de me donner la remplirez-vous? prendrez-vous enfin pitié d'une pauvre mère que votre froide inhumanité a privée, depuis leur naissance, des caresses de ses enfans ?

— A qui la faute? à toi qui, lancée dans le monde et ses plaisirs, ne me manifestas qu'une seule fois, je pense, le désir de voir ces enfans.

— Avez-vous oublié qu'alors j'étais votre esclave soumise et tremblante, et que vous me menaçâtes d'un entier abandon, si j'osais jamais vous renouveler l'expression d'un désir que vous rejetâtes avec fureur ?

— Allons! oublie tout ce que ma conduite a pu avoir d'injuste, pour ne payer que d'un tendre retour l'amour que je t'ai juré de nouveau.

— Votre amour, Albert, hélas ! depuis long-temps je n'y crois plus; vous m'avez tant fait souffrir !

— Oui, je fus bien coupable, mais crois

à mon repentir; ô ma belle amie! car désormais ma vie entière te sera consacrée: Albert, corrigé de ses torts, ne veut plus s'occuper que de ton bonheur; oui, bientôt t'arrachant à ce maussade séjour si peu fait pour tes charmes, il t'entourera de nouveau de luxe et de plaisirs, mais de plaisirs exempts de remords, d'inquiétude.

— Avez-vous donc encore quelques projets de fortune; et cette fois, ce bonheur, cette aisance, avec lesquels vous cherchez à m'éblouir, passeront-ils ainsi qu'un songe?

— Non, Adeline, non: ce n'est plus le fruit de l'intrigue que je me propose de partager avec toi, mais celui que doit me procurer un état honorable.

— Gardez cette fortune; le seul bien que j'envie en ce jour est la possession de mes enfans infortunés que vous ravissez depuis si long-temps à l'amour de leur mère.

— Demain, demain, te dis-je! je te conduis vers eux.

— Pour ne plus m'en séparer?... demande Adeline avec empressement.

— Pour ne plus t'en séparer, répond Albert, or donc! plus de dépit, d'humeur de ta part; que la confiance et l'attachement me récompensent à l'avenir de tout le bien dont je veux te combler.

— Ah! il n'eut dépendu que de vous, de trouver sans cesse en moi une humeur égale, un amour toujours brûlant et sincère, mais....

— Assez, assez de reproches, mon Adeline.

— Que le ciel seconde vos louables intentions et qu'il vous pardonne comme je vous pardonne encore aujourd'hui......

—Tu me pardonnes, mais pourquoi alors ce froid langage, est-ce ainsi que tu parlais à ton ami ? Jadis, après notre réconciliation, ta bouche gracieuse me disait toi.

— Demain Albert, demain, sur la route de Dammartin.

— Demain donc notre paix complète, mais cette nuit encore, Adeline, n'espères-tu goûter aucun repos?

— Je n'éprouve nul besoin de sommeil, veillons, et parlons de nos enfans.

— Adeline, voilà huit nuits de passées sans que ton amant ait pressé tes charmes sur son cœur; oh! reposons-nous, Adeline, et livre à mes caresses ta divine personne.

— Non, car j'ai juré que désormais mes premiers baisers, mes premières caresses seraient pour mes enfans et les secondes pour leur père.

En vain, s'efforce-t-il de vaincre la résolution d'Adeline, rien ne peut la fléchir. La nuit s'avance, bientôt l'aurore va l'effacer; alors, Albert, profitant d'un instant d'absence de la jeune femme, retire de son gousset une poudre soporifique qu'il verse promptement dans un verre d'eau sucrée qu'elle venait de se préparer. Un moment après Adeline succombait à un sommeil aussi subit qu'invincible; et le jeune homme, s'étant assuré qu'elle a entièrement perdu connaissance, s'élance vers le secrétaire, et, armé d'une fausse clé, l'ouvre et le referme aussitôt après s'être emparé de la totalité des diamans dégagés quelques jours avant par monsieur Duplan. Deux heures après, s'étant échappé en silence de la chambre d'Adeline, le misérable roulait en chaise de poste sur une des routes de la Brie.....

Déjà six semaines se sont écoulées, depuis que Lucien et Adrienne habitent leur champêtre domaine; depuis, que sous leurs ordres, une foule d'ouvriers travaillent à de nombreux embellissemens.

Lucien habite un appartement au rez-de-chaussée, Adrienne un autre situé au premier, nulle communication entre les deux ; or donc! nuits solitaires ; mais le jour, quelle douce compensation! quels voluptueux instans! combien la contrainte, la prudence en doublent le prix. Mais, comme on ne peut passer sa vie à faire l'amour, afin d'écouler le moins ennuyeusement le temps qu'on ne lui consacre pas, Lucien le partage entre l'étude et la chasse ; la chasse surtout, nouvelle passion pour lui, et qu'il porte presque à l'extrême; aussi, chaque matinée, court-il les champs, les bois et les vallons, le fusil sur l'épaule, précédé ou suivi de son chien.

Un léger coup de canne frappé sur le plafond avertit Adrienne du départ de monsieur, deux autres la préviennent de son retour, s'il s'est affectué avant le lever de la jeune femme; alors on se réunit, on parcourt ensemble les jardins, le parc; on inspecte les travaux, puis le déjeûner, l'étude, la promenade, le dîner, la lecture d'un roman, et, en dernier lieu, le bonsoir, telles sont les occupations de chaque jour.

Il est cinq heures du matin, Lucien, s'est jeté à bas du lit. Quel contre-temps fâcheux! le ciel est couvert, et menace d'un orage. N'importe! la passion l'emporteet, après avoir donné le léger signal du départ, le jeune homme se met en route et à errer dans la campagne, en se dirigeant vers un bois giboyeux situé à un quart de lieue de son habitation ; à peine l'a-t-il atteint, que la pluie tombe avec fureur et contraint Lucien à gagner la grand'route, à se réfugier dans une pauvre chaumière dont il trouve la porte ouverte et les habitans absens; ce qui n'empêche pas notre chasseur de s'établir commodément devant l'âtre d'un foyer où brûlent encore un reste de sarments de vigne, en attendant qu'il plaise aux nuages d'arrêter le déluge qu'ils déversent en ce moment sur la terre.

Dix heures, Lucien n'est point encore de retour pour le déjeuner, et pourtant son usage n'est pas de se faire attendre, de rester si tard en chasse ; et comme le beau temps a succédé à l'orage, Adrienne, dans l'espoir de voir venir son ami, quitte seule la maison et s'avance sur la route. Au loin, accourt un homme, c'est Lucien sans doute? et la jeune femme de se diriger au devant. Non, ce n'est pas lui, mais un paysan qui la voyant s'arrêter lui fait signe d'approcher; que lui veut-il?

— Voyons! pense Adrienne, et elle se remet en marche.

— Monsieur Lucien m'envoie, madame, vous prier de venir le rejoindre de suite au village d'Orinier où il vous attend en ce moment, dit cet homme arrivant tout essoufflé.

— Au village d'Orinier, pour quelle raison? vous en a-t-il fait part? demande la jeune femme avec surprise.

— Oui, madame, afin de rendre, vous et lui, une visite à une pauvre famille qui a besoin de secours, et de secours pressans.

—Accompagnez-moi, mon ami, dit aussitôt Adrienne; et dans son empressement de faire le bien, la jeune femme a tellement doublé le pas, qu'elle a laissé son compagnon derrière elle et que se retournant au milieu du bois afin d'adresser une question à cet homme, elle ne l'aperçoit plus; peut-être s'est-il arrêté en chemin? se dit-elle et la jeune femme de continuer le sien. Mais, quelle est sa surprise, lorsqu'au détour d'un sentier solitaire, un homme sortant d'un taillis se présente brusquement à elle et que, dans ce même homme, elle reconnaît Albert, Albert qui la saisit par le bras. Un cri d'effroi s'échappe aussitôt de la bouche d'Adrienne.

— Silence! madame, et veuillez m'entendre, dit le jeune homme d'un ton sévère.

— Laissez-moi, monsieur, laissez-moi; je ne vous connais plus...

— Et moi, belle Adrienne, je vous connais encore, car des traits aussi ravissans que les vôtres ne s'oublient jamais, et restent gravés dans la mémoire aussi longtemps que demeure dans le cœur l'amour qu'ils inspirent.

— Cessez ces vains discours, monsieur, et dites ce que vous exigez de moi, et de quel droit vous osez m'arrêter au passage.

— Afin de vous peindre de nouveau tout l'excès de la passion que je ressens pour vous, passion qu'enfanta le premier de vos regards et qui durera jusqu'à mon dernier soupir.

— Osez-vous bien m'infliger l'humiliation d'entendre des discours aussi faux que votre personne? laissez-moi, monsieur, ou mes cris vont appeler du secours contre la violence infâme que vous m'imposez, s'écrie hors d'elle Adrienne.

— En vain votre voix se ferait entendre, n'espérez aucun secours et cessez de trembler devant votre esclave soumis, Adrienne! au nom du ciel! daigne prendre pitié de l'homme qui t'adore, qui ne peut plus vivre sans toi! Oui! la violence, la mort même pour tous deux plutôt que de laisser plus long-temps tes charmes divins en la possession du plus nul des hommes; renonce à ce Lucien, il le faut; et viens avec moi goûter tous les délices de l'amour que tu m'as inspirés; viens, te dis-je, et ne redoute pas l'inconstance, car j'ai juré que ma passion pour toi serait inaltérable comme les vertus qui l'ont fait naître.

— Vous suivre, misérable! moi, suivre un être que je méprise! oh jamais! jamais!

En disant ces mots avec dédain, Adrienne s'efforçait d'échapper à Albert, mais lui la saisit à bras le corps, et de sa bouche, étouffe les cris qu'elle essaie de pousser.

— Vaine résistance, tu dois être à moi; et cela disant, il l'entraînait dans les taillis, déchirait avec rage les légers vêtemens de l'infortunée qu'il venait de renverser. Alors la jeune femme au désespoir, réunissant les forces qui lui restent, parvient à dégager sa bouche de celle qui l'oppresse, à pousser des cris perçans que le bourreau interrompt de suite, en les étouffant de son mouchoir. L'indigne Albert allait triompher, lorsque tout-à-coup, un bruit de pas précipités se fait entendre; Adrienne pousse un profond soupir, et Lucien, armé de son fusil, vient d'un bond tomber près de la victime et du violateur. A son aspect Albert se relève furieux.

— Lucien! Lucien! sauve-moi de la

rage de cet homme infâme, sauve-moi : ce monstre est Albert, le corrupteur d'Adeline, s'écrie Adrienne à genoux, les mains jointes; et, cela dit, elle retombe sur la terre privée de sentiment.

— Albert! toi Albert; oui, en effet, je te reconnais, misérable! ah! ta vie va me dédommager de tout le mal que tu m'as fait!

— A toi à garantir la tienne contre mes coups! s'écrie Albert avec fureur en ajustant Lucien, qui s'avançait sur lui et lui lâchant un coup de pistolet; mais, aveuglé par la rage, le malheureux a tiré maladroitement, la balle a passé sans toucher Lucien qui, reculant de quatre pas et voyant Albert se préparer à lui adresser un second coup, lui décharge aussitôt son fusil presque à bout portant. Le plomb a fait balle, Albert chancelle et tombe à la renverse dans d'affreuses convulsions et frappé mortellement.

— Vous êtes vengé, fait-il entendre d'une voix éteinte, la fortune est pour vous; je meurs.

Il expire à ces mots, et son sourire dédaigneux se mêle aux convulsions de la mort. Laissant de côté cet odieux cadavre, Lucien court aussitôt vers Adrienne, froide et inanimée sur la terre, la soulève, la presse dans ses bras, s'efforce de la ranimer en essayant de lui communiquer sa propre chaleur; et voyant ses efforts superflus, il l'emporte dans ses bras jusqu'au bord de la route, s'y repose un instant, et doublant son courage, ressaisit son précieux fardeau et parvient, non sans beaucoup de peine, à gagner la chaumière où le matin il trouva un abri contre l'orage. Les habitans de ce modeste réduit accueillent le jeune homme et l'aident aussitôt à placer Adrienne sur son lit, où l'on s'empresse de lui prodiguer les secours qui, peu à peu, la ramènent à la vie. Une heure après, la jeune femme avait entièrement repris ses sens. Ce fut alors que les jeunes gens racontèrent à leurs hôtes la triste aventure dont ils avaient failli être tous deux victimes. Le jour même déclaration fut faite à l'autorité, le corps d'Albert enlevé, fouillé; et grande fut la surprise de trouver sur lui une magnifique parure en diamans, enfermée dans un petit sac en peau.

XIX.

Pauvre mère !

— Oui, mon oncle, je suis mère, et mère bien malheureuse, hélas ! puisqu'il ne m'a jamais été possible jusqu'alors de prodiguer mes caresses à mes pauvres enfans.

— En vérité, je n'en reviens pas; comment, Adeline, tu as deux enfans et tu ne m'en as jamais parlé?

—Je n'osais, mon oncle; et sans le cruel abandon de leur père, vous ignoreriez encore leur naissance.

— Petite sotte, suis-je donc si sévère que tu sois forcée d'avoir des secrets pour moi? eh bien! va les chercher ces petits êtres, nous les élèverons ensemble, ils nous égayeront par leur gentillesse, et je les aimerai comme s'ils étaient à moi.

— Ah! mon bon oncle! comment reconnaître votre tendresse, votre touchante sollicitude à mon égard, moi qui ne payai jamais vos bontés que de la plus odieuse ingratitude?

— Pourquoi parler des vieux péchés, lorsque nous sommes convenus de les oublier? Occupes-toi plutôt de tout disposer pour ton départ; surtout ne reste pas trop de temps absente; songe, mon enfant, que je vais t'attendre avec la plus vive impatience.

— Le temps nécessaire pour aller et revenir; pendant ce temps, mon oncle, priez pour moi, car qui me dit que je les retrouverai vivans.

— Tiens! cette idée! pourquoi ne les retrouverais-tu pas?

— Ah! mon oncle, je ne sais, mais j'ai de bien tristes pressentimens.

— Folie! vraiment, en te voyant si mal disposée, je regrette de te voir partir seule, et si ce négligent d'Olivier ne nous faisait de nouveau faux-bon depuis huit jours, je le prierais de t'accompagner; mais où est-il, cet original qui néglige ainsi ses meilleurs amis, ceux qu'il a l'air d'aimer le plus et qu'il plante là sans leur rien dire lorqu'il lui en prend fantaisie?

— Olivier! hélas! mon oncle, loin de désirer sa présence, souhaitez, pour le bonheur de votre pauvre Adeline, qu'elle ne revoie jamais cet homme.

— Heim! et pour quelle raison, Olivier est un charmant garçon qui paraît nous porter le plus vif intérêt.

— Cet homme est un monstre d'ingratitude et de perfidie, l'auteur de tous mes maux enfin!

— Qu'entends-je! qui, Olivier, ton camarade du Conservatoire?

— Oh! pardon! pardon, mon oncle, de vous avoir trompé, mais cet Olivier n'est autre que l'indigne Albert, mon corrupteur et le père de mes enfans! dit Adeline avec confusion et élevant ses mains jointes vers M. Duplan.

— Ho! ho! voilà qui est vilain de ta

part, Adeline, de m'avoir ainsi trompé. Quoi! cet homme que j'ai reçu avec tant d'amitié, dont j'ai pressé la main avec affection, c'était ce vil Albert? et tu as menti à ce point!... C'est mal, Adeline, bien mal! dit le vieux concierge avec indignation.

— Mon oncle, que votre colère n'ajoute pas à mon malheur; grâce, grâce! pour votre nièce infortunée et repentante, fait entendre la jeune femme en tombant aux genoux du vieillard dont elle arrose les mains de larmes brûlantes.

— Ah! relève-toi, pauvre fille, car je t'aime trop pour prétendre te punir; relève-toi, te dis-je, et sur le sein de ton second père viens épancher tes douleurs, lui jurer qu'à l'avenir tu placeras en lui toute ta confiance et il te bénira alors, tu seras encore sa nièce bien-aimée.

— Mon oncle! mon bon oncle! exclame

Adeline suffoquée par l'abondance de ses larmes en tombant dans les bras du vieillard qui la presse tendrement sur sa poitrine.

— Oui, oui, tout est oublié, tout est pardonné ; mais jure moi, Adeline, que si ton suborneur osait encore se présenter, tu m'aiderais à le chasser de notre présence; car cet homme-là ne t'a jamais aimé, l'intérêt le guida seul vers toi ; aussi, que de mal ne t'a-t-il pas fait ! sans sa fatale rencontre, tu serais aujourd'hui une riche dame d'Angleterre, et non la compagne d'un pauvre portier.

— Ah ! mon oncle, ce ne sont ni les titres ni la fortune que je regrette, mais bien l'époux généreux à qui l'indigne Albert m'a ravi. Ah ! que je suis une femme coupable ! et que le passé accumule de honte sur mon front !

— Que veux-tu? ce qui est fait, est fait; c'est à l'avenir à réparer le passé; à tout péché miséricorde. Désormais plus de cet homme, loin de toi celui qui abusa de ta faiblesse, de ton amour, pour te ruiner et te rendre la plus malheureuse des femmes.

— Non, mon oncle, plus rien pour lui que le mépris le plus souverain.

Le vieillard embrassa la jeune femme, et après lui avoir prodigué les plus douces consolations et promis pour l'avenir un sort aussi heureux qu'indépendant, l'engagea, comme il était fort tard lors de cet entretien, à goûter un paisible et rafraîchissant sommeil, afin d'être disposée pour le voyage du lendemain.

C'est avec sincérité et une franche persuasion qu'Adeline vient de promettre à son oncle un oubli éternel de cet amant qui, feignant sans cesse le repentir, se joue depuis si long-temps de sa crédulité et de sa faiblesse, de cet Albert qui semble goûter un méchant plaisir à la priver de la possession de ses enfans. Oui, adieu pour jamais à cet être insensible et trompeur; désormais c'est aux innocentes créatures qu'elle brûle de presser dans ses bras qu'Adeline promet de consacrer sa vie et ses soins. Demain, elle les connaîtra donc, encore quelques heures et elle se réunira à eux pour toujours, leur prodiguera ses caresses de mère.

Pour Adeline, la nuit s'est passée sans sommeil, mais non sans impatience; au petit jour elle a quitté sa couche, pris congé de son oncle et s'est rendue à la voiture de Dammartin, une heure avant son départ. Elle est en-route enfin! que le chemin lui semble long. Les sept lieues sont franchies, voilà Dammartin avec ses vieilles tours féodales, reste d'un ancien château. Adeline s'informe dans le bourg de la mère Michaud la nourrice.

— Elle est morte depuis six mois, lui dit-on.

— Morte! ô mon Dieu! mais les enfans qu'elle élevait, que sont-ils devenus?

— Je n'en savons rien; informez vous à sa fille, peut-être ben vous les indiquera-t-elle.

Adeline, pâle et tremblante, se fait aussitôt conduire près de celle qu'on lui désigne.

— Deux petiots jumiaux, n'est-ce pas, madame.

— Oui, deux jumeaux, mes enfans, mes propres enfans! répond Adeline avec impatience à cette demande adressée par la fille de la nourrice, jeune fille de dix-sept ans.

— Oh dam ! y sont ousque vous avez écrit qu'on les mette, en refusant de payer ma pauvre mère des soins qu'elle leur prodiguait.

—Mais où donc, où donc sont-ils, enfin ! s'écrie Adeline avec impatience.

— A la pitié donc ! répond la fille avec insouciance et ironie; oui, à la pitié, ousque vote mari a écrit à mon père de les conduire.

Adeline n'a point entendu ces derniers mots, car succombant sous le poids de sa douleur et de son horrible surprise elle s'est évanouie et gît en ce moment sans connaissance aucune. Les paysans, témoins de cette scène, s'empressent de lui prodiguer des secours, et peu à peu la ramènent à la vie. Avec les sens reviennent les souvenirs, et la pauvre mère, dévorée de douleur, de verser un torrent de larmes.

— A la pitié! mes enfans à la pitié, ô ciel! et votre mère qui les nourrissait de son sein a pu consentir à s'en séparer, à ce qu'on exécutât un tel ordre sans consulter une mère? ah! c'est affreux!

— Que voulez-vous? nous sommes pauvres, ma chère dame, et depuis le jour qu'on remit vos enfans à ma mère, elle ne reçut pas la valeur d'une obole pour ses soins; vous ne daigniez seulement pas répondre à nos réclamations; et lorsque, lassée de votre silence, ma mère fit le voyage de Paris à plusieurs reprises, jamais elle ne parvint jusqu'à vous, toujours vous refusiez de la recevoir, à ce que lui disiont vos valets.

— Hélas! mais j'ignorais tout cela; autrement, ne me serais-je point empressée de satisfaire à vos justes demandes! car, n'importe la gène, une mère trouve toujours mille ressources pour soutenir ses enfans, son bien le plus précieux?

— Sûrement, madame; c'est aussi ce que je disions entre nous; et ne vous voyant jamais venir les voir, nous avons pensé que ces pauvres innocens n'étaient pas aimés de leurs parens, et la lettre de votre époux confirma notre pensée.

— De grâce, prenez pitié de ma douleur, vous seule, ma chère, qui connaissez les traits chéris de mes enfans, pouvez m'aider à les reconnaître parmi ceux qui encombrent l'asile où votre père les a placés; venez, venez avec moi; exigez tout de ma reconnaissance, mais ne me refusez pas, c'est à vos pieds que j'implore ce service.

— Dam! pas tant de façon, du moment que vous me payez mon temps et mon voyage, j' consentons ben volontiers à marcher avec vous.

Adeline, heureuse de la bonne disposition de cette fille, promet de récompenser généreusement sa complaisance; et, après quelques instans passés en préparatifs, les deux jeunes femmes se mettent en route. De retour à Paris, et sans prendre le temps d'aller instruire son oncle, Adeline et la paysanne se rendent à la maternité. Les registres de cette maison annoncent le dépôt d'une foule d'enfans, sans nom ni désignation, abandonnés au tour le même jour que ceux d'Adeline. Ces mêmes enfans, selon la règle de la maison, ont été confiés à des nourrices et emportés dans divers pays pour y être élevés : impossible donc d'indiquer ceux réclamés, et le directeur de la maison de prévenir la pauvre mère de renoncer à tout espoir, et que ses enfans sont perdus pour elle. Qu'on se figure l'infortunée arrivée près du bureau où l'on vient de lui confirmer cette perte affreuse, d'une raideur immobile et d'une figure invariable, n'ayant l'air ni de penser, ni d'écouter, ni d'entendre; dont les yeux fixés laissent échapper des larmes assez continues et roulant sans effort : telle était Adeline. Mais à cette apparente apathie bientôt succédèrent la terreur, la suffocation, lesconvulsions; enfin le plus affreux désespoir qui se manifesta par des cris déchirans. Alors la tête perdue et se levant précipitamment, elle fuit en démence et dirige sa course rapide vers le quartier qu'habite son oncle; et tandis qu'elle franchit la longue distance qu'elle a à parcourir, sachons ce qui s'est passé et se passe encore en ce moment chez M. Duplan. Ce dernier attendait tranquillement le retour de sa nièce qui, selon son idée, ne pouvait tarder à s'effectuer, et se berçant du doux espoir d'embrasser bientôt les petits marmots, préparait tout pour leur réception dans la chambre du haut, lorsque sa servante Madeleine, de garde dans la salle du bas, lui cria du pied du petit escalier que quelqu'un demandait à lui parler.

— Priez la personne de monter.

Et un instant après parut un personnage que le concierge reconnut de suite.

— Ah! monsieur vient enfin chercher son écrin; je pensais véritablement que j'allais hériter de cette magnifique parure. Savez-vous, monsieur, qu'il n'eût pas été prudent de laisser aussi long-temps un pareil dépôt dans de certaines mains, disait M. Duplan en allant à son secrétaire.

—Votre observation est des plus justes, monsieur; mais n'accusez de ma négligence que le mal qui me força, en sortant de chez vous, à garder le lit jusqu'à ce jour, mais sachant mon écrin en bonnes mains, je n'en étais pas moins tranquille.

— Vous êtes trop honnête, monsieur : voici votre écrin, veuillez vérifier...

— Que veut dire ceci, monsieur; où donc sont les diamans? dit l'homme avec sévérité, en montrant au concierge la boîte entièrement vide.

Oh! ciel! est-ce possible? s'écrie le vieillard pâle et tremblant, et courant au secrétaire qu'il fouille avec rapidité... Mon Dieu! mon Dieu! mais je ne trouve rien, ne vois rien.

— Misérable!

— Ah! de grâce! monsieur, suspendez un injuste jugement! car je suis un honnête homme, ainsi que vous le disiez il y a un instant. Mais où donc sont-ils? où donc sont-ils, grand Dieu? s'écriait le concierge en remuant dans son trouble extrême tous les meubles et les tiroirs.

— Ainsi, vous ne trouvez rien?

— Au nom du ciel, monsieur, de la patience; peut-être ma nièce les a-t-elle serrés dans quelqu'endroit qu'elle seule pourrait nous indiquer.

—Non, n'espérez pas m'en faire accroire par un mensonge. En vos mains cette parure a été remise, vous m'en répondez : il me la faut à l'instant ou je vous livre à la justice.

—Madeleine! Madeleine, montez, montez donc!

Et la servante d'arriver à la hâte.

— Les diamans, Madeleine, que contenait cet écrin, savez-vous ce qu'ils sont devenus? demande le pauvre concierge haletant.

— Pas le moins du monde, monsieur.

— Pensez-vous qu'Adeline les ait serrés en quelques lieux secrets?

— Oh! je somme ben sûre du contraire, car mam'zelle Adeline me disions encore hier que ces beaux diamans étaient dans vot' secrétaire.

— Suivez-moi chez le directeur de l'administration! fait entendre avec sévérité le maître de la parure.

En vain le concierge réclame-t-il quelques instans encore, et résiste-t-il à cette invitation; car aux cris, aux injures dont l'accable à haute voix le réclamateur, arrive la garde chargée de la surveillance de la maison et sur la plainte du propriétaire de la parure, le vieux concierge est entraîné chez le directeur devant qui l'affaire est aussitôt expliquée par le plaignant.

— Voilà vingt ans que ce brave homme sert l'administration avec zèle et probité, je le déclare donc incapable de l'action dont vous l'accusez, monsieur, répond le directeur au plaignant : soyez donc certain qu'il n'est que la victime de ce vol audacieux.

— Merci ! merci, monsieur le directeur, de vouloir bien rendre justice à mes cheveux blancs ; oh ! non ! non ! ce n'est pas à mon âge qu'on devient fripon, fait entendre le concierge en essuyant les larmes qui s'échappent de ses yeux.

Le directeur questionne alors M. Duplan sur les gens que depuis quelque temps il reçoit chez lui, et ce dernier ne déclare avoir admis en son intimité que sa nièce Adeline et un jeune comédien nommé Olivier.

—Oui, un nommé Olivier que plusieurs employés de cette administration m'ont assuré être un fort mauvais sujet des plus suspects; et, en plus, l'amant de votre nièce qu'il a ruinée par son inconduite.

— Hélas! oui, monsieur le directeur, cet homme que mon étourdie de nièce m'avait présenté sous le nom d'Olivier, n'était, en effet, qu'un débauché nommé Albert de Mouvra; mais je n'ai découvert la vérité qu'hier, Adeline m'en ayant fait l'aveu.

— Votre confiance vous ruine, mon cher Duplan, reprend le directeur, car je ne puis désigner qu'Albert et votre nièce comme auteurs et complices du vol de ces diamans.

— Oh! ciel, ma nièce, mon Adeline! ah! vous vous trompez, elle est incapable d'une si vilaine action, la chère enfant.

— Monsieur le directeur, je demande donc l'arrestation de ces deux personnages, dit l'homme à la parure; quant à ce vieillard, sur l'assurance que vous me donnez de sa probité, je consens à lui laisser la liberté jusqu'à nouvel ordre.

A l'instant où se passait cette dernière scène, Adeline, la tête égarée, se précipitait dans la loge de son oncle, au même moment où Madeleine, qui venait d'apprendre par un garçon de bureau l'arrêt lancé contre elle, arrivait toute éplorée; un cri d'effroi s'échappe du sein de la servante, en apercevant la nièce du concierge.

— Par Dieu! sauvez-vous, mademoiselle, ou sans cela vous allez être mise en prison.

— En prison! répète lentement Adeline jetant sur la servante un regard où se peignent la terreur et l'égarement.

— Oui, arrêtée, parce qu'on accuse votre monsieur Olivier et vous d'avoir volé les diamans qui étaient dans le secrétaire de votre oncle.

— Olivier !... Albert !... Des diamans !... oh ! oui! oui! je me le rappelle !... Ah ! malheur ! malheur !...

Et cela dit, Adeline pousse un cri, mais un cri affreux, puis s'échappe avec rapidité ; et, sans s'arrêter, atteint les quais, puis le pont Notre-Dame. Et la rivière, s'étant entr'ouverte, se referme aussitôt, après avoir englouti son corps. Dix minutes plus tard, les bateliers ramenaient la pauvre Adeline au rivage : elle avait cessé d'exister.

Cinq mois, et M. Duplan, après avoir conduit sa nièce Adrienne à l'autel, et assisté à la bénédiction de son hymen avec Lucien, s'était enfin décidé à s'éloigner de la capitale des arts pour vivre à Coulommiers près des jeunes époux, et cela, en reconnaissance du service que lui avait rendu Lucien, en faisant retrouver la fameuse parure qui avait failli le compromettre et le ruiner entièrement.

Psyché, après la mort de Tonton arrivée à la suite d'une indigestion, a échangé ses entrechats et ses amours contre un missel. Devenue dévote de bon aloi, la jeune danseuse s'est aussi fixée sous le toît de ses amis, et les édifie par sa piété.

Tous ensemble ont donné des larmes à la pauvre Adeline dont la triste fin ne leur avait que trop prouvé que du premier amour d'une femme dépend souvent son avenir.

FIN.

99 3/4

EN VENTE.

La **CHAUSSÉE-D'ANTIN**, histoire du marquis de Sainte-Suzanne, par Auguste Ricard; 2 vol. in-8, 10 fr.

NI L'UN NI L'AUTRE, suite de la *Chaussée-d'Antin*, par Auguste Ricard; 2 vol. in-8, 10

L'AMOUR D'UNE FEMME, par Charlotte de Sor; 2 vol. in-8, 10

Les **DEUX COMMANDEURS**, par Anatole Gerber; 2 vol. in-8, 10

Les **NUITS DE VERSAILLES** ou **LES GRANDS SEIGNEURS EN DÉSHABILLÉ**, par E.-L. Guérin, 4 vol. in-8. 20

CHRONIQUES DES TUILERIES ET DU LUXEMBOURG, physiologie des cours modernes, par Touchard-Lafosse, 4 vol. in-8, 30

Les **DAMES DE LA COUR**, **LA MARQUISE DE PRIE, MADEMOISELLE DE CHAROLAIS**, par E.-L. Guérin, 2 vol. in-8, 15

UNE DAME DE L'OPÉRA, confidences galantes, par E.-L. Guérin, 2 vol. in-8. 15

L'ESPION RUSSE ou **LA SOCIÉTÉ PARISIENNE**, par la comtesse O** D**, auteur des *Mémoires d'une femme de qualité sous Louis XVIII*, 2 vol. in-8. 15

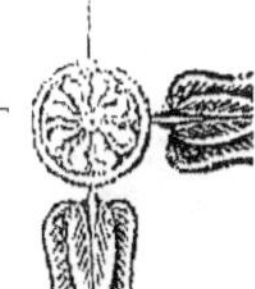

E. Dépée, imprimeur à Sceaux.